HERMENÉUTICA

PRINCIPIOS DE INTERPRETACIÓN BÍBLICA

RODOLFO H. BLANK

BIBLIOTECA TEOLÓGICA CONCORDIA

3558 South Jefferson Avenue, Saint Louis, Missouri, 63118-3968 U.S.A.

Editor: Rev. Héctor Hoppe
Tapa: Florencia Fau-Pieske
La tapa ilustra los textos de Isaías 9:6-7 y 53:5-12 que profetizan el nacimiento y la obra expiatoria de Jesús, la Palabra hecha carne.

Editorial Concordia es la división hispana de Concordia Publishing House.

Impreso en los Estados Unidos de América.

DEDICATORIA

Dedico esta obra como un regalo para el 100° cumpleaños de mi madre, Eduviges (Hedwig) Haeberle de Blank, la primera persona que me enseñó a amar y a estudiar las Sagradas Escrituras.

SOBRE EL AUTOR

Rodolfo Blank, hijo de inmigrantes alemanes, nació en 1934 en la ciudad de Chicago. Realizó sus estudios teológicos en el Seminario Concordia de Saint Louis, Missouri, donde se graduó en 1959 después de haber realizado su pasantía (vicariato) en Caracas, Venezuela en 1957-1958.

Desde 1959 hasta 1962 sirvió como el primer pastor de la Iglesia Luterana la Resurrección en Cambridge, Inglaterra. En enero de 1963 regresó a Venezuela para servir como misionero y educador.

Fue co-fundador y primer director del Instituto Teológico Juan de Frias, el programa que prepara pastores, diáconos y líderes laicos para la Iglesia Luterana de Venezuela. En los años 1989-1990 realizó estudios de postgrado en el Seminario Fuller de Pasadena, California, donde se graduó con el título MTh en Misiología. Durante los años 1990-91 sirvió como profesor en el Instituto Hispano de Teología en Chicago. En 1991 regresó a Venezuela.

Durante los años 1997-1999 prestó sus servicios como profesor de Misiones en el Seminario Concordia de Saint Louis, Missouri. Desde 1990 está radicado en la ciudad de Caracas, donde sirve como profesor tanto en el Instituto Teológico Juan de Frias como en el Seminario Evangélico de Caracas. En 1970 el Dr. Blank se casó con Ramona Rivero, hija de uno de los primeros pastores luteranos venezolanos. Tienen dos hijos, Rodolfo e Irene, y una nieta.

PREFACIO

Existen muchas formas de leer e interpretar la Biblia. Prueba de esto es la gran cantidad de denominaciones cristianas que surgen –cada vez más frecuentemente– a partir de una lectura diferente de las Escrituras. Algunas iglesias difieren mucho de otras en la forma en que entienden el texto bíblico. Pero, ¿no hay acaso una sola Biblia? ¿Cómo es que de una misma Biblia surgen tantas y diferentes interpretaciones? La clave está en los métodos de interpretación que se usan. No es la Biblia la que divide a la cristiandad, sino la forma en que ésta es interpretada. Obviamente, cada denominación cristiana afirmará que su método de interpretación es el correcto. ¿Cómo, entonces, elegimos un método de interpretación que esté de acuerdo con la voluntad de Dios, y que nos ayude a entender la Biblia de la forma en que Dios pretendió que la entendiéramos?

El Dr. Blank expone las reglas de interpretación bíblica extraídas de la Biblia misma, más específicamente, de la parábola del sembrador que Jesús enseña en Mateo 13. A base de esa parábola, se construyen sanos principios hermenéuticos que exponen claramente todo el consejo de Dios para su iglesia.

Con profunda gratitud a Dios, que nos dio su Palabra escrita, y la última y absoluta palabra encarnada, Jesucristo, presentamos esta obra para bendición de todos los que hacen suyo el pensamiento del salmista:

Tu palabra es una lámpara a mis pies; es una luz en mi sendero.
Salmo 119:15

El editor

CONTENIDO

INTRODUCCIÓN 7

PRIMERA PARTE
El primer elemento de estudio: el sembrador o emisor 8

CAPÍTULO UNO
El sembrador divino 9

CAPÍTULO DOS
El autor humano 27

SEGUNDA PARTE
El segundo elemento de estudio: la semilla o el texto 35

CAPÍTULO TRES
La semilla sembrada en el Antiguo Testamento: tipología 48

CAPÍTULO CUATRO
La interpretación del Cantar de los Cantares 70

CAPÍTULO CINCO
El poder de la semilla 89

TERCERA PARTE
El tercer elemento de estudio: la tierra o el receptor 98

CAPÍTULO SEIS
Ley y evangelio 103

NOTAS 116

GLOSARIO 127

BIBLIOGRAFÍA 132

INTRODUCCIÓN

El Buen Sembrador salió para sembrar,
salió a sembrar, salió a sembrar.
El Buen Sembrador salió para sembrar,
la Santa Palabra de Dios.

Así rezan las palabras de la primera estrofa de un canto que han entonado los niños de la escuela dominical en miles de congregaciones cristianas por muchas generaciones a través de América Latina. Escuché las palabras de este canto por primera vez en el año 1958, en una pequeña escuela dominical rural cerca de San Antonio de Maturín, en el Estado Monagas, en Venezuela. El canto con sus cinco estrofas, en forma muy sencilla, habla del tema de este libro en el contexto de la fe del pueblo de Dios. Este tema es la palabra de Dios.

En su parábola del sembrador (Mt 13) Jesús nos enseña acerca de la naturaleza de la palabra de Dios, de la interpretación de la misma, de su proclamación y de su efecto sobre los seres humanos. Todos estos temas formarán parte de nuestro estudio de la palabra de Dios. Al desarrollar esta importante parte de la fe de la iglesia, seguiremos los parámetros que nos proporciona la misma parábola del sembrador. Nuestra presentación, por lo tanto, tendrá su enfoque en los tres elementos principales de la parábola que a la vez constituyen los tres horizontes esenciales en el estudio de la hermenéutica, es decir, los principios de la interpretación bíblica[1]. Estos elementos u horizontes son: 1) el sembrador, o sea, el autor o emisor de la Palabra; 2) la semilla, esto es, el texto de la Palabra; y 3) la tierra, es decir, los receptores de la Palabra y el efecto de la Palabra sobre ellos.

PRIMERA PARTE
El primer elemento de estudio: el sembrador o emisor

De los tres elementos principales en cualquier estudio de la palabra de Dios y su comunicación, el primero tiene que ser el autor de la Palabra, es decir, el sembrador. Jesús comienza su parábola del sembrador con la declaración "Un sembrador salió a sembrar" (Mt 13:3). La semilla no puede ser sembrada sin un sembrador. El libro no puede ser escrito sin un escritor; el sermón no puede ser predicado sin un predicador. "¿Cómo oirán si no hay quien les predique?" pregunta San Pablo en Romanos 10:14. Cada palabra, cada mensaje, cada texto debe tener un autor. Nuestra primera tarea para entender lo que es la palabra de Dios y su interpretación es estudiar al autor del texto. Hay que conocer al que siembra la palabra. Al conocer mejor al autor de un comunicado y su propósito al enviarnos el mensaje, podremos entender mejor lo que nos quiso comunicar. Así podremos determinar cómo responder al mensaje, pues el mensaje de las Sagradas Escrituras viene con una oferta sumamente importante. Saber cómo responder al mensaje que nos comunica la palabra de Dios es una cuestión de vida o muerte.

Parte de la fe del pueblo de Dios ha descansado en el hecho de que el autor de la palabra de Dios es el Espíritu Santo que habló por medio de seres humanos, hayan sido los profetas del Antiguo Testamento o los apóstoles y evangelistas del Nuevo Testamento. Por lo tanto, el pueblo de Dios suele hablar tanto de los autores humanos como del autor divino de la palabra de Dios. Es por ello que, como miembros del pueblo de Dios, creemos y confesamos que es Dios mismo quien está sembrando la semilla preciosa de su Palabra a través de los oráculos, historias, parábolas, salmos y epístolas que se encuentran en la Biblia, que buscan echar raíces y producir frutos en nuestras vidas y en nuestras comunidades.

CAPÍTULO UNO

EL SEMBRADOR DIVINO

Lo que en primer lugar nos lleva a creer y confesar que el autor último de las Sagradas Escrituras es el Espíritu Santo, es el testimonio de los mismos textos bíblicos. En muchas ocasiones los autores de la Biblia como Isaías, Jeremías, David, Pablo, y Juan son conscientes de que Dios está hablando por medio de sus predicaciones, cantos y escritos. El autor del Salmo 45 declara: "Mi lengua es como pluma de hábil escritor." Las Escrituras mismas reconocen que las palabras que se encuentran en los libros sagrados son palabras humanas escritas por hombres de carne y sangre y al mismo tiempo que son la Palabra del omnipotente Creador de los cielos y de la tierra. Por esto el pueblo de Dios al confesar su fe en las palabras del Credo Niceno declara: "Creo en el Espíritu Santo quien habló por medio de los profetas."

EL SEMBRADOR DIVINO EN EL ANTIGUO TESTAMENTO

En el Antiguo Testamento consta que lo que proclamaron los profetas no fueron mensajes inventados por el ser humano sino mensajes que recibieron del Señor. La fórmula con que comienzan la mayoría de los libros proféticos en el Antiguo Testamento es: "Ésta es la palabra del Señor que vino a Oseas", "a Joel", "a Miqueas", etc. El profeta se presenta como uno que no habla en su propio nombre, sino en el nombre de otro, y este otro es el mismo Yahvé. Todos estos textos estipulan que los oráculos proféticos, tanto orales como escritos, tienen un doble autor, el autor humano quien ha sido ungido e inspirado por el Espíritu Santo, y Dios, quien ha puesto en la boca de los profetas sus palabras.[2] Así declara David al comenzar la profecía que en 2 Samuel 23:1-2 se cataloga como sus últimas palabras: "Oráculo de David hijo de Isaí, dulce cantor de Israel; hombre exaltado por el Altísimo y ungido por el Dios de Jacob. 'El Espíritu del Señor habló por medio de mí; puso sus palabras en mi lengua. El Dios de Israel habló; la Roca de Israel me dijo:...'"

Aquí David es llamado dulce cantor de Israel, hombre exaltado por el Altísimo y ungido por el Dios de Jacob porque, según Lutero,[3] no proclama sus propias palabras sino el mensaje que ha recibido de Dios, es decir, el mensaje de Jesucristo. Según Lutero, los salmos que cantaba David eran dulces no sólo por su métrica, su lenguaje y su música, sino también por su contenido. Para los perdidos, atribulados y amargados, son dulces las promesas de perdón, salvación y paz que pregonan los salmos. La palabra de Dios que proclamaban los salmos de David sirvió para ahuyentar al espíritu malo que atormentaba al rey Saúl, así como también hoy en día nos apoyan en nuestra lucha contra el diablo, el pecado y la muerte. Según Lutero, David es el dulce cantor de Israel porque por medio de la inspiración del Espíritu Santo él proclama a Cristo. En el libro de Isaías son llamados hermosos los pies de los que proclaman sobre los montes el evangelio de paz y salvación que han recibido de Dios (Is 52:7).

Esto no es así con los profetas o videntes que llaman "palabra de Dios" o "mensaje del Señor" a sus propios sueños. Al contrario, ellos son denunciados como mentirosos, engañadores y falsos profetas. En el capítulo 23 del libro del profeta Jeremías el Señor mismo levanta una fuerte y severa acusación en contra de aquellos que profetizan sin haber sido inspirados por Dios: "He escuchado lo que dicen los profetas que profieren mentiras en mi nombre, los cuales dicen: '¡He tenido un sueño, he tenido un sueño! ¿Hasta cuándo seguirán dándole valor de profecía a las mentiras y delirios de su mente? Con los sueños que se cuentan unos a otros pretenden hacer que mi pueblo se olvide de mi nombre, como sus antepasados se olvidaron de mi nombre por el de Baal. El profeta que tenga un sueño, que lo cuente; pero el que reciba mi palabra, que la proclame con fidelidad. ¿Qué tiene que ver la paja con el grano? –afirma el SEÑOR– ¿No es acaso mi palabra como un fuego, y como martillo que pulveriza la roca? –afirma el SEÑOR–'" (Jer 23:25-29).

Esta situación en la que un profeta habla en nombre de otro puede apreciarse en un texto como Éxodo 7:1-2. En este pasaje Dios envía a Moisés y a su hermano Aarón al faraón egipcio a proclamar la liberación de los esclavos hebreos. Debido a que Moisés no tenía facilidad de palabra, Aarón, el más elocuente de los dos, fue el vocero o profeta de Moisés así como Moisés fue el vocero o profeta de Dios. Lo que dijo Aarón fue exactamente lo que Dios ordenó a Moisés: "Toma en cuenta –le dijo el SEÑOR a Moisés– que te pongo por Dios ante el faraón. Tu hermano Aarón será tu profeta. Tu obligación es decir todo lo que yo te ordene que digas; tu hermano Aarón, por su parte, le pedirá al faraón que deje salir a los israelitas."

En Éxodo 4:15-16 el Señor ya había hablado a Moisés acerca del papel profético de Aarón: "Tú hablarás con él y le pondrás las palabras en la boca; yo los ayudaré a hablar a ti y a él, y les enseñaré lo que tienen que hacer. Él hablará por ti al pueblo, como si tú mismo le hablaras, y tú le hablarás a él por mí, como si le hablara yo mismo."

Ya que la voz del profeta llamado por Dios e inspirado por su Espíritu es la voz de Dios mismo, rehusarse a recibir la palabra del profeta es lo mismo que rebelarse contra el Señor. En Jeremías 7:25 el Señor Todopoderoso, el Dios de Israel, declara: "Desde el día en que sus antepasados salieron de Egipto hasta ahora, no he dejado de enviarles, día tras día, a mis servidores los profetas. Con todo, no me obedecieron ni me prestaron atención, sino que se obstinaron y fueron peores que sus antepasados."

Tal desprecio a la palabra de Dios anunciado por los profetas traería las más serias consecuencias, como advierte el Señor Todopoderoso en Zacarías 7:12-13: "Para no oír las instrucciones ni las palabras que por medio de los antiguos profetas el SEÑOR Todopoderoso había enviado con su Espíritu, endurecieron su corazón como un diamante. Por lo tanto, el SEÑOR Todopoderoso se llenó de ira. Como no me escucharon cuando los llamé, tampoco yo los escucharé cuando ellos me llamen –dice el Señor Todopoderoso–."

EL SEMBRADOR DIVINO EN EL NUEVO TESTAMENTO

No sólo los profetas del Antiguo Testamento fueron inspirados por el Espíritu Santo, sino también los autores humanos de los escritos que forman parte del Nuevo Testamento o los oráculos del Señor. El hecho de que el mensaje proclamado por los apóstoles provino de Dios mismo es afirmado por San Pablo en 1 Tesalonicenses, uno de los primeros libros del Nuevo Testamento en ser escrito. Cabe destacar que la palabra de Dios referida en esta carta no es solamente lo que nosotros llamamos el Antiguo Testamento sino el mensaje de salvación en Jesucristo accesible tanto a judíos como a gentiles. "Así que no dejamos de dar gracias a Dios, porque al oír ustedes la palabra de Dios que les predicamos, la aceptaron no como palabra humana sino como lo que realmente es, palabra de Dios, la cual actúa en ustedes los creyentes" (1 Tesalonicenses 2:13).

En la misma epístola el apóstol San Pablo, después de advertir a los tesalonicenses en cuanto a la inmoralidad sexual, les declara: "Por tanto, el que rechaza estas instrucciones no rechaza a un hombre sino a Dios, quien les da a ustedes su Espíritu Santo" (1Ts 4:8).

En los textos previamente citados se puede apreciar que el carisma de la profecía fue dado a los apóstoles de Jesucristo así como había sido dado a los profetas del Antiguo Testamento. Pero al igual que en los tiempos del Antiguo Testamento existe el peligro de falsos profetas y maestros que fingen ser voceros de Dios cuando en realidad anuncian palabras humanas. En 2 Tesalonicenses 2:1-2 el apóstol Pablo habla de la necesidad de sujetar los mensajes proféticos a una evaluación de las comunidades cristianas primitivas con el fin de determinar si en realidad son inspirados por el Espíritu de Dios. La frase "por espíritu" (RV) indica que se trata de una proclamación oracular de un profeta. En 1 Corintios 14:29 Pablo habla de la necesidad de distinguir o evaluar las profecías en la iglesia. Se sobreentiende que no toda profecía es inspirada por el Espíritu de Dios. Hay que distinguir entre el Espíritu Santo y los espíritus malignos (1Co 12:1-3; Didajé 11:7). Si el mensaje o revelación no corresponde a la enseñanza apostólica ya recibida por la comunidad, debe ser rechazado.[4] En Gálatas 1:8 el apóstol declara enfáticamente: "Pero aún si alguno de nosotros o un ángel del cielo les predicara un evangelio distinto del que hemos predicado, ¡que caiga bajo maldición!"

Otro texto bíblico que ha jugado un papel muy importante en el desarrollo de la doctrina de la palabra de Dios es 2 Timoteo 3:16: "Toda la Escritura es inspirada por Dios y útil para enseñar, para reprender, para corregir y para instruir en la justicia, a fin de que el siervo de Dios esté enteramente capacitado para toda buena obra."

Al utilizar la palabra "inspirada" el autor bíblico dice que Dios mismo puso su propio Espíritu en los autores bíblicos para guiarlos en lo que escribieron. Por lo tanto, se puede decir que en la Escritura la palabra de Dios se viste de palabras humanas. Es por ello que, cuando se oye la proclamación de la palabra de Dios, no se oye algo inventado por autores humanos, sino el mensaje que el Espíritu Santo mismo ha puesto en sus mentes y corazones. Al referirse a las profecías mesiánicas del Antiguo Testamento 2 Pedro 1:20-21 declara: "Ante todo, tengan muy presente que ninguna profecía de la Escritura surge de la interpretación particular de nadie. Porque la profecía no ha tenido su origen en la voluntad humana, sino que los profetas hablaron, impulsados por el Espíritu Santo."

Algunos pensadores cristianos han señalado que hay una relación muy estrecha entre lo que afirman los credos cristianos, en cuanto a las dos naturalezas de Cristo, y lo que cree el pueblo de Dios en cuanto a la inspiración de las Santas Escrituras. Los credos ecuménicos, confesados por todas las iglesias históricas, declaran que Jesucristo es verdadero Dios porque fue concebido por el Espíritu Santo y al mismo tiempo es verdadero hombre porque nació de la virgen María. Así como se puede hablar de la naturaleza humana y divina de Jesucristo se puede hablar de la naturaleza divina y humana de las Sagradas Escrituras. Así como el Concilio de Calcedonia afirmó que en Cristo se preserva la propiedad de cada naturaleza, así también se puede decir que en la Escritura también se preserva la propiedad de cada naturaleza. La Escritura no deja de ser divina porque fue escrita por autores humanos que emplearon palabras humanas. Ni tampoco perdió sus características humanas al ser inspirada por el Espíritu Santo. Las Sagradas Escrituras son la palabra de Dios en palabras humanas.[5] Según Lutero, las Escrituras escritas por seres humanos son la vaina en la que se encuentra la espada del Espíritu.

Los autores patrísticos también consideraban la inspiración de la Escritura un gran misterio, a la par del misterio de la encarnación. Así como no se puede explicar que Cristo puede ser al mismo tiempo totalmente divino y totalmente humano, pero sin pecado, tampoco se puede explicar cómo la Santa Escritura puede consistir de palabras divinas en lenguaje humano pero sin error. Ante tal misterio somos llamados a adorar en silencio reverente así como ante el misterio de la encarnación o de la Santa Trinidad. Cuando la virgen María le preguntó al ángel Gabriel cómo sería posible que ella, una virgen, pudiera dar a luz al Hijo del Altísimo (Lucas 1:34-35), el ángel le respondió: "El Espíritu vendrá sobre ti, y el poder del Altísimo te cubrirá con su sombra. Así que al santo niño que va a nacer lo llamarán Hijo de Dios." Algo parecido sucede con la inspiración de las Sagradas Escrituras: el Espíritu Santo viene sobre los autores humanos de la Biblia; los cubre la sombra del Altísimo de tal manera que de ellos salen palabras divinas en lenguaje humano.[6] Al usar esta analogía entre la encarnación y la inspiración hay que tomar en cuenta dos errores. El primer error sería una especie de docetismo que exalta la naturaleza divina de la Escritura mientras que desprecia su carácter humano. Los antiguos docetistas del segundo siglo d.C. eran herejes que afirmaban que Jesucristo era un ser divino pero negaban que fuera verdadero ser humano. El segundo error consistiría en una forma de nestorianismo, que se fija demasiado en el carácter humano de la Escritura y se olvida de su carácter sacramental, es decir, de la presencia del eterno Dios bajo formas materiales. Los antiguos nestorianos condenados por los concilios ecuménicos eran cristianos renuentes a atribuir a la naturaleza humana de Cristo los atributos de la divinidad. Hoy en día, se pueden encontrar muchos teólogos renuentes a atribuir a las palabras humanas de las Escrituras los atributos divinos del Espíritu Santo.

En la iglesia antigua autores tales como Atenágoras e Hipólito compararon el misterio de la inspiración con la música que tocan los diferentes instrumentos de una orquesta. De acuerdo con esta analogía, el autor de la música es el Espíritu Santo. Sin embargo, cada instrumento toca la música de acuerdo con sus características únicas y dentro de sus posibilidades de registro y tono. Así también cada autor bíblico escribe de acuerdo con su educación, su vocabulario y su conocimiento de la gramática, pero sin distorsionar la melodía divina que ha recibido del Espíritu Santo. San Agustín solía referirse a los autores bíblicos como los diferentes miembros del cuerpo humano. Cada uno cumple con sus funciones únicas pero todos trabajan bajo la dirección e inspiración que reciben del sistema nervioso. Agustín habla de los autores bíblicos como órganos del gran cuerpo místico, la iglesia.

EL TESTIMONIO DE LOS PADRES ECLESIÁSTICOS

Los padres eclesiásticos del segundo y tercer siglo d.C. no solamente afirmaron que el Espíritu Santo fue el autor final de todas las Escrituras sino que también sacaron algunas conclusiones, o mejor dicho, algunos principios hermenéuticos para guiar al estudioso bíblico en su tarea de interpretar correctamente el significado de las Escrituras. Uno de los más destacados entre estos padres apostólicos fue el obispo Ireneo de Lyón, ubicado al sur de lo que hoy en día es Francia. Ireneo nació aproximadamente en el año 120 d.C. en Esmirna, donde fue discípulo del famoso obispo y mártir Policarpo. Después de pasar un tiempo en Roma, Ireneo fue enviado como misionero a Galia donde ejerció un importante ministerio hasta su muerte en el año 203 d.C. Ireneo fue sobre todo un biblicista que dedicó una gran parte de su ministerio defendiendo la fe del pueblo de Dios en contra de las herejías de las diferentes escuelas gnósticas, florecientes en aquel entonces, especialmente en Galia. Lo que motivó a Ireneo a dedicarse a los principios de la interpretación bíblica fue la manera en que los gnósticos malinterpretaban la Escritura sin tomar en cuenta el contexto de los pasajes que analizaban.

Muchas de las escuelas gnósticas afirmaban que el Dios del que se habla, y el que habla en el Antiguo Testamento, no es el mismo Dios que llegamos a conocer a través de Cristo en los libros del Nuevo Testamento. Algunos gnósticos como Marción de Ponto rechazaron totalmente el Antiguo Testamento. En general los gnósticos no podían aceptar la idea de un Dios que tiene contacto íntimo con el mundo de la materia y que además es el creador, no sólo del cielo sino también de la tierra. Desde la óptica de los gnósticos, sería una blasfemia enseñar que el supremo Dios, quien es puro espíritu, pueda rebajarse, humillarse y contaminarse al tener contacto con las cosas inmundas, transitorias y materiales tales como los sacrificios de animales o el contacto con la carne humana. Para los gnósticos era una blasfemia insistir que el supremo Dios puede ser el creador de cosas tan repugnantes como ratas, serpientes, cucarachas o el sexo. Por lo tanto, los gnósticos rechazaron tanto la encarnación como la muerte y resurrección de Cristo. Por esta razón, los evangelios gnósticos no contienen relatos del nacimiento de Jesús, de cómo Jesús sanó los cuerpos de los enfermos o de cómo resucitó los cuerpos de los muertos. Los gnósticos simultáneamente rechazaron todos los antropomorfismos en la Biblia, o los interpretaron alegóricamente. También rechazaron los sacramentos pues no podían aceptar que el ser humano pudiera tener un encuentro espiritual con Dios por medio de cosas materiales tales como agua, pan, y vino.

Ireneo, en su lucha contra los gnósticos, especialmente en su gran obra *Adversus Haereses* (Contra las herejías), afirmó que es erróneo declarar que el Dios que inspiró a los profetas del Antiguo Testamento a escribir sus profecías no fuese el mismo Dios cuyo Espíritu inspiró a los autores del Nuevo Testamento. Ireneo insistió, fundamentado en las propias Escritura, que Dios es uno, que sí hay un solo Dios y no varios como creían los gnósticos y que por ende, ese Dios tendría que ser el autor último y único de toda la Escritura.

Partiendo de este principio, Ireneo concluyó que si todas las Escrituras tienen el mismo autor último, entonces, no pueden haber desacuerdos entre ambas partes de la Escritura. El Espíritu Santo que inspiró a todos los autores bíblicos no puede estar en desacuerdo consigo mismo. Por lo tanto, todos los libros de la Biblia tienen el mismo propósito principal.

Ireneo encontró este propósito central en el testimonio que las Escrituras mismas dan de Cristo y en el plan de salvación de Dios en Cristo que corre como un hilo dorado a través de todos los libros de la Biblia. Jesucristo mismo había declarado a los judíos: "Ustedes estudian con diligencia las Escrituras porque piensan que en ellas hallan la vida eterna. ¡Y son ellas las que dan testimonio en mi favor!" (Jn 5:39).

Si todas las Escrituras dan testimonio de Cristo, entonces Cristo tiene que ser el centro de toda la Escritura. Es Cristo y sólo Cristo que da unidad a todos los escritos del Antiguo y el Nuevo Testamentos. Ireneo se dio cuenta de que muchos eventos, instituciones, lugares y personajes del Antiguo Testamento no sólo apuntan a Cristo sino que encuentran su cumplimiento en él. Para entender tales eventos, instituciones y personajes correctamente será necesario interpretarlos a la luz de su cumplimiento en Cristo. La Escritura debe ser interpretada como una totalidad. Todas sus partes, individualmente, tienen que ser interpretadas cristológicamente. Cristo es la clave interpretativa para entender la palabra de Dios, Cristo es el corazón de la Escritura. Haciendo eco a Ireneo, el reformador Martín Lutero declaró que es mejor que el que no tenga o quiera a Jesucristo no se atreva a poner sus manos en la Biblia porque sin Cristo su intento de entender la palabra de Dios terminará en fracaso.[7] Si alguien intenta estudiar la Biblia sin Jesucristo solamente se enceguecerá más. Lutero asevera que aunque San Agustín no entendía bien el hebreo del Antiguo Testamento, entendió mejor el Antiguo Testamento que los rabinos que conocen muy bien el idioma, el vocabulario y la gramática, pero no tienen a Jesucristo. El que reconoce que Jesucristo es el camino, la verdad y la vida tiene la clave para entender todas las Escrituras. Sin Cristo no podemos entender lo que dicen Moisés, los profetas o los Salmos. Cristo no es solamente la clave para entender toda la Escritura, es también el mejor intérprete de lo que dice la Biblia acerca de los mandamientos, la fe y la salvación.

En Mateo 13:44-46 Jesús declara que el reino de los cielos es como un tesoro escondido en un campo. Para Ireneo, el campo era la Escritura y el tesoro, Cristo.[8] El intérprete de la Escritura tiene que orar, meditar y purificarse en su estudio de la Palabra a fin de encontrar a Cristo en ella. Usando estas claves hermenéuticas Ireneo llegó a rechazar las fantasías ficticias de los gnósticos, y los argumentos basados en el valor o significado místico que supuestamente tenía el valor numérico de las palabras que se encuentran en la Biblia. La fe, según Ireneo, es producida por la verdad y es la tarea del intérprete encontrar la verdad.

Si toda la Escritura tiene el mismo autor último, como afirmó Ireneo, entonces se pueden utilizar las partes claras de la palabra de Dios para aclarar el significado de las partes más oscuras. Ireneo fue el primer teólogo en declarar como regla hermenéutica que las partes más oscuras de la Palabra no sólo deben ser interpretadas a partir de las partes más claras, sino también del testimonio total de la Escritura. No se debe interpretar un texto aislándolo de su contexto inmediato y del contexto total la Escritura.[9]

La contribución de Ireneo de Lyón podríamos resumirla en tres principios que son los que confirman la fe del pueblo de Dios en cuanto a las Escrituras:

PRINCIPIO I: *Puesto que el autor último de la Escritura es el Espíritu Santo, todos los libros de la Biblia tienen el mismo propósito principal.*

PRINCIPIO II: *Puesto que el autor último de la Escritura es el Espíritu Santo, las partes claras de la Escritura deben ser utilizadas para iluminar las partes más oscuras.*

PRINCIPIO III: *Cristo es el centro de la Escritura, tanto del Antiguo como del Nuevo Testamentos.*

Es evidente que Ireneo, al igual que los demás padres pre-nicenos, creía en la inspiración de los libros que hoy en día consideramos como libros canónicos del Antiguo y Nuevo Testamentos. Ireneo también creyó, a partir del libro apócrifo de IV Esdras (14:37-46), que durante la primera destrucción de Jerusalén por Nabucodonosor, rey de Babilonia, todos los libros inspirados hasta ese momento también fueron destruidos.[10] Después, el escriba Esdras, bajo la inspiración del Espíritu Santo, rescribió las escrituras perdidas. De la misma forma, Jeremías y Baruc lograron escribir nuevamente el rollo de las profecías del profeta Jeremías que fue quemado por el rey Joacim (Jer 36:32).

Ireneo aceptó equivocadamente como historia verídica el contenido del libro apócrifo "La Carta de Aristeas" y creyó que los 70 traductores bajo las órdenes del rey Tolomeo de Egipto, fueron guiados por el Espíritu Santo al traducir la Septuaginta, –la primera traducción del Antiguo Testamento al griego–. Posteriormente, Ireneo y muchos autores cristianos que le siguieron, afirmaron que la Septuaginta, o versión de los Setenta, tenía más autoridad que el texto original del Antiguo Testamento en hebreo.

Otros autores, entre ellos San Agustín de Hipona, llegaron a declarar que los traductores de la Septuaginta, además de ser escribas también eran profetas de Dios que incluyeron en su traducción nuevas revelaciones del Espíritu Santo que no se encontraban en el hebreo original. Igualmente, que por inspiración divina tuvieron la autoridad de quitar de su traducción palabras y frases incluidas en el texto original. Esta opinión, por cierto equivocada, ayudó a producir una marcada preferencia para la Septuaginta en la iglesia primitiva y un desprecio tanto del Antiguo Testamento en hebreo como del estudio de los idiomas semíticos de parte de los teólogos de la iglesia. Tal desprecio por el Antiguo Testamento en hebreo alcanzó su máxima expresión en el edicto del emperador Justiniano, en el que se prohibió la lectura de la Biblia en hebreo en los oficios de las iglesias cristianas. Fue un gran acto de valentía el de San Jerónimo ir en contra de esa corriente antisemítica. Este santo patrono de los traductores bíblicos se trasladó a Tierra Santa para aprender mejor los idiomas originales necesarios para traducir toda la Biblia al latín y así ayudar a los habitantes de la parte occidental del Imperio Romano a tener la palabra de Dios en su propia lengua. El hecho de que Jerónimo basó su traducción del Antiguo Testamento en los manuscritos hebreos y arameos, y no en el griego de la Septuaginta, produjo una fuerte resistencia en contra de la Vulgata.[11]

El desprecio por el hebreo y la preferencia por la Septuaginta[12] llevó a muchos pastores y laicos de la Iglesia Primitiva a aceptar que la traducción de otros libros en griego, que también provenían de Egipto pero que nunca fueron aceptados como inspirados por los rabinos en Palestina, habían sido inspirados por el Espíritu Santo. Los rabinos opinaban que la inspiración de los profetas llegó a su fin en el tiempo del emperador persa Artajerjes[13] y por lo tanto, ningún libro escrito después del tiempo del escriba Esdras podía ser considerado como inspirado por el Espíritu Santo. Es por ello que los rabinos catalogaron como apócrifos los libros escritos después de Esdras. La palabra "apócrifo" quiere decir oculto o escondido. Esto no quiere decir que los libros apócrifos necesariamente contienen enseñanzas ocultas o escondidas sino que debían ser ocultados o escondidos durante los oficios que se realizaban en la sinagoga. En otras palabras, eran escritos que no debían ser leídos públicamente en los actos litúrgicos que se celebraban en la sinagoga.

Fue de esta manera que los libros apócrifos o deuterocanónicos llegaron a ser leídos como Escritura en muchas congregaciones cristianas. San Jerónimo en su Vulgata también tradujo estos escritos pero con la advertencia de que, aunque fuesen muy útiles para la instrucción moral y la vida espiritual del cristiano, no muestran el mismo nivel de inspiración que los otros libros del Antiguo Testamento. Por lo tanto, no debían ser utilizados para establecer doctrina.

Sin embargo, en el oriente la mayoría de los libros deuterocanónicos fueron aceptados como parte de la Biblia de las iglesias ortodoxas. En el occidente, el Sínodo de Cartago en 397 d.C. aceptó los deuterocanónicos como inspirados por el Espíritu Santo. No obstante, el debate en cuanto a la inclusión de los libros deuterocanónicos duró hasta el Concilio de Trento cuando finalmente en 1546 fueron declarados parte de la Biblia y fueron reconocidos por la iglesia de Roma.[14] Esta aceptación obedece en parte a una reacción de los teólogos de Roma en contra de la opinión de Martín Lutero y los demás reformadores que consideraron que los libros deuterocanónicos no eran inspirados por el Espíritu Santo y por lo tanto su contenido no debía ser autoritativo para la fe del pueblo de Dios. Sin embargo, tanto Martín Lutero como Casiodoro de Reina tradujeron los libros deuterocanónicos y los incluyeron en sus traducciones de la Biblia en alemán y castellano, pero con una advertencia semejante a la que incluyó San Jerónimo en su traducción de la Vulgata. El poco aprecio de los reformadores protestantes hacia los deuterocanónicos se puede apreciar en el mismo Martín Lutero que no escribió comentarios ni dio exposiciones o sermones basados en dichos libros, con excepción de dos sermones que predicó sobre textos en Ben Sira.

EL TESTIMONIO DE LOS REFORMADORES Y DE LAS CONFESIONES DE LA IGLESIA EN CUANTO A LA INSPIRACIÓN DE LAS SAGRADAS ESCRITURAS Y SU AUTOR DIVINO

Al hablar de la contribución de reformadores como Martín Lutero, Felipe Melanchton y Juan Calvino al estudio de la palabra de Dios y su interpretación, hay que reconocer que el gran aprecio de éstos por la Biblia es una consecuencia de su convicción de que en las Escrituras la Santa Trinidad se comunica directamente con nosotros y de que su autor último es el Espíritu Santo. El asunto de quién presta su autoridad a las declaraciones que se nos dirigen a nosotros en las Escrituras es de vital importancia para los reformadores. Nuestra seguridad en esta vida y nuestra salvación eterna dependen de la autoridad de aquel que nos habla en el evangelio.

Muchos autores modernos que han dedicado sus esfuerzos académicos al estudio de la literatura y del lenguaje han atacado la preocupación que han tenido los investigadores de otros tiempos en conocer a los autores de novelas, poesía, historias y escritos sagrados. Según muchos filósofos modernos,[15] una vez que se produce una obra literaria, la obra adquiere vida propia, una vida independiente de la de su progenitor. Eruditos como Paul Ricoeur e Imgarden han enfatizado que en muchas instancias las obras literarias hablan con su propia voz y hasta le dicen cosas al lector que nunca estuvieron en la mente del autor. Puesto que el autor está ausente cuando el lector lee el texto, se debe interpretar el texto sin referencia al autor.[16] La semilla, una vez sembrada, cobra vida propia y crece en maneras que el sembrador no contempló. Se dice que si se busca estudiar al autor de una obra y de sus intenciones, el intérprete se desviará de lo que dice el texto. De acuerdo con esta filosofía del lenguaje, el enfoque principal de la hermenéutica es el texto y no el autor; es la semilla y no el sembrador. Ahora, tal filosofía del lenguaje puede tener algo de validez para el intérprete de la palabra de Dios. Se puede pasar mucho tiempo estudiando el contexto de un texto, las condiciones sociales, políticas, económicas, geográficas de una obra –la biografía de un autor, sus antepasados, lo que otros han dicho acerca de él– y se descuida lo que dice el texto mismo. Es posible escuchar conferencias o sermones que parecen ser un estudio histórico, político, social o económico pero no una exposición de lo que dice el texto. Se puede hablar mucho del contexto y nunca entrar en diálogo con el texto.

Al haber hecho esta advertencia y reconocido la validez de lo que se dice sobre muchas clases de textos, como por ejemplo poesía, novelas o un manual de auto-mecánica, tenemos que estar seguros de que no se puede divorciar tan fácilmente la palabra de Dios de la persona de Dios. Hay gran valor en estudiar las teorías de investigadores como Gadamer que ha enfatizado que el significado es el resultado de un diálogo entre un texto y el lector del texto. Pero cuando se trata de las Escrituras tenemos que recordar que nuestro diálogo no es sólo con un texto divorciado de su autor, sino que estamos dialogando con el creador del cielo y de la tierra. El texto de la Escritura no es como otras obras literarias. La Escritura es mucho más que una obra literaria, es un sacramento –es el lugar donde Dios se encuentra con nosotros–. En la Palabra hay una presencia real del Dios de nuestra salvación. Como dijo Calvino, al acercarnos a la Escritura tenemos que quitarnos las sandalias de los pies porque la tierra de la Escritura es santa.[17]

En Mateo 11:28-30 leemos: "Vengan a mí todos ustedes que están cansados y agobiados, y yo les daré descanso. Carguen con mi yugo y aprendan de mí, pues yo soy apacible y humilde de corazón y encontrarán descanso para su alma. Porque mi yugo es suave y mi carga liviana." En Marcos 2:5 escuchamos una voz: "Hijo, tus pecados quedan perdonados." ¿Quién está hablando aquí? ¿Solamente un texto divorciado de su autor? ¿Quién es aquel que da su autoridad a estos textos? Ésta no es una simple pregunta académica. Si aquel que me dice: "Tus pecados son perdonados por mi sangre" es Cristo mismo, si es el que derramó su sangre en la cruz, entonces la Palabra que me habla desde el texto de la Escritura es más que un sonido o una marca en un papel, es un hecho, es un evento por medio del cual se efectúa lo que se declara. Cuando un juez o un pastor declara a los novios en una ceremonia de bodas: "Yo los declaro marido y mujer" se efectúa lo que se pronuncia. Por medio de las palabras de autoridad detrás de un texto se efectúa lo que pronuncian las palabras. Si aquel que le dice al reo: "Yo te declaro libre de culpa y de la pena de muerte" es otro preso y no el juez, entonces las palabras carecen de todo poder y toda autoridad y el reo siempre tendrá que sufrir lo que dicta la ley. Para los reformadores, como Martín Lutero, lo que hace del evangelio una proclamación de buenas nuevas es que detrás de las palabras del evangelio está la autoridad de las tres personas de la Santísima Trinidad.

Es precisamente por este hecho, de que las Escrituras proclaman el perdón y la gracia de Dios con la autoridad de Cristo, que Lutero pudo encontrar paz y consuelo en el evangelio para su alma atribulada. Esto ayuda a explicar la gran importancia que tuvo para Lutero ser maestro de las Sagradas Escrituras, y porqué dedicó tanto tiempo a la interpretación de la Biblia y su traducción al lenguaje del pueblo. Lutero quería ser entendido sobre todo como un teólogo bíblico. La teología de Lutero es más que nada una teología de las Sagradas Escrituras. Sus comentarios sobre las Sagradas Escrituras constituyen más que la mitad de sus voluminosos escritos. Durante toda su vida Lutero leyó toda la Biblia por lo menos dos veces al año. Según el testimonio del mismo reformador, lo que más le impulsó a llevar a cabo la reforma de la iglesia no fue su ordenación como sacerdote sino el hecho de que le fue concedido el título de Doctor de la Biblia. Ante el emperador en la dieta de Worms el reformador declaró: "Mi conciencia está cautiva a la palabra de Dios." Fue en la Biblia que Lutero encontró su mejor arma en su lucha para rescatar a la iglesia de su cautividad a las tradiciones humanas. Lutero luchaba, vivía y sufría por la palabra de Dios. Fue leal a la Palabra porque fue en su estudio de la Biblia que llegó a ser convencido de que el pecador es justificado por la fe.[18] Según el pensamiento de Lutero, Dios instituyó el oficio del ministerio no como un fin en sí mismo sino por causa de la Palabra. Los ministros de la iglesia son llamados y ordenados a fin de que la Palabra sea proclamada y enseñada. Bien se pudiera concluir que el tema de la vida de Lutero se resume en la última estrofa de su himno Castillo fuerte es nuestro Dios:

Sin destruirla dejarán, aún mal de su grado, esta Palabra del Señor; él lucha a nuestro lado. Que lleven con furor, los bienes, vida, honor. Los hijos, la mujer... todo ha de perecer; de Dios el reino queda.

En el libro que escribió el historiador y teólogo Jaroslav Pelikan como una introducción a las Obras de Martín Lutero, el autor asevera que el reformador no sólo luchó por aclarar lo que significaban las oraciones y las palabras individuales que se encuentran en el texto bíblico según su etimología y gramática sino que también se fijaba en el cuadro total que presentaba la Biblia de su autor divino. Cuando hablamos con otro ser humano podemos discernir algo de su carácter y de su personalidad a través de sus palabras y su manera de expresarse. ¿Cómo es aquel que nos habla en su Palabra? ¿Qué imagen de Dios emerge de nuestro estudio de su Palabra?[19]

Por ejemplo, en la parábola del sembrador podemos percibir algo acerca del carácter de Dios el Padre, pues el Padre es el sembrador que siembra la semilla. La parábola nos dice que el sembrador siembra su semilla, su Palabra, en todas partes, no solamente en tierra buena, sino también entre los pedregales, entre zarzas y espinos y por el camino de tierra por el cual se transita. Aquí la parábola nos presenta un cuadro o una imagen de cómo es Dios. Los agricultores palestinos que escucharon a Jesús relatar la parábola del sembrador nunca hubiesen malgastado su preciosa semilla entre los pedregales, las zarzas y los espinos. Su principal preocupación hubiera sido sembrar solamente en buena tierra. Pero la preocupación del sembrador de la parábola es que la buena semilla llegue a todas partes, a todas las personas. La voluntad del sembrador es que nadie se quede sin la Palabra de vida, él quiere que todos oigan la Palabra y se salven. Lo que nos dice la parábola acerca de Dios es que él es un Dios que quiere que todos sean alcanzados por su Palabra. El Dios de la Biblia es un Dios que comunica, que quiere ser conocido, que habla, y el hecho de que nos ha dado la Biblia es una confirmación de esto. Es por esto que la existencia misma de la

Biblia era para el reformador Martín Lutero un milagro de la gracia y el amor de Dios.

Para Lutero, parte de la naturaleza de Dios es no encerrarse en sí mismo, apartándose y aislándose de su creación como han hecho muchos de los dioses supremos de quienes se estudia en la historia de las religiones. El Dios del Antiguo y Nuevo Testamentos quiere comunicar su amor redentor por medio del habla. Es por eso que Jesús, en consonancia con la parábola del sembrador, anuncia al final del Evangelio de Mateo: "Vayan y hagan discípulos de todas las naciones, bautizándolos en el nombre del Padre y del Hijo y del Espíritu Santo" (Mt 28:19). Es por medio de sus apóstoles, evangelistas y maestros que el sembrador sale a sembrar. Todos necesitan la oportunidad de oír la Palabra porque "todo el que invoque el nombre del Señor será salvo" (Ro 10:13). ¿Qué imagen de Dios proyecta la parábola del sembrador? La imagen de alguien capaz de realizar cualquier cosa, hasta de sufrirlo todo para dar vida a todos.

El cuadro de Dios que nos presenta la Escritura es muy diferente a la idea del dios que tienen los filósofos griegos. El dios de éstos sería incapaz de rebajarse, humillarse o contaminarse por medio del contacto o la comunicación con el mundo material y sus habitantes. El Dios de quien habla la Escritura es el gran comunicador. La Primera Epístola de San Juan nos dice que Dios es amor. El amor del cual nos habla San Juan no es meramente un sentimiento encerrado en el corazón de uno. El amor de Dios es una acción que tiene sujeto y objeto. Dios quiere comunión con sus criaturas porque él es amor, y amor sin comunión no es amor. El amor necesita ser comunicado, proclamado, anunciado, hablado. Dios es amor y al mismo tiempo es un Dios que se revela por la Palabra. Es en la Palabra que se revela su amor por nosotros. Esto nos lleva a postular un nuevo principio hermenéutico:

PRINCIPIO IV: *El intérprete de las Escrituras no sólo debe preocuparse por las doctrinas o dogmas que se pueden extraer de los textos individuales de la Biblia, sino que también necesita contemplar las imágenes, símbolos y proyecciones de Dios que emergen del estudio de la Palabra en su totalidad. En las Escrituras encontramos tanto palabras de vida como símbolos e imágenes que nos comunican la vida.*[20]

PREGUNTAS PARA REFLEXIÓN

1. Lea Jeremías 36:1-10 ¿En qué sentido sirvió Baruc como profeta de Jeremías, y Jeremías como profeta de Dios?

2. ¿Qué aspectos de la hermenéutica aprenden los niños durante los primeros tres años de su vida?

3. ¿De qué manera le han ayudado a usted las Escrituras en su lucha en contra de la depresión, la tentación, la soledad, y los sentimientos de culpa?

4. ¿Qué criterios ha seguido el pueblo de Dios para distinguir entre un verdadero profeta de Dios y un profeta falso? ¿Qué experiencias ha tenido usted con personas que han tomado para sí la atribución de ser profetas de Dios?

5. ¿Hasta qué punto nos ayuda el misterio de la encarnación a entender mejor la inspiración divina de las Sagradas Escrituras?

6. ¿En qué sentido son los autores bíblicos como diferentes instrumentos musicales? ¿Puede pensar usted en otro ejemplo que pudiera ser utilizado para aclarar la relación que existe entre la unidad que hay entre los diferentes autores bíblicos y los diferentes estilos que los caracterizan?

7. ¿Qué circunstancias llevaron a Ireneo de Lyón a dedicar tanto tiempo a la elaboración de los principios de la interpretación bíblica? ¿Por qué debemos nosotros dedicar tiempo y esfuerzo al estudio de los principios de la hermenéutica?

8. ¿Por qué rechazaron muchos gnósticos la historia del nacimiento de Jesús y los relatos de sus milagros? ¿Por qué mostraron poco o ningún interés en los sacramentos?

9. ¿Qué argumento empleó Ireneo para afirmar que todos los libros de la Biblia tienen el mismo propósito principal? ¿Podría usted pensar en otro argumento para enfatizar el mismo postulado?

10. ¿Por qué prohibió el emperador Justiniano la lectura de la Biblia en hebreo en los oficios de la iglesia cristiana? ¿Qué provecho tendría para nosotros el estudio del Antiguo Testamento en el idioma hebreo?

11. ¿Cuál sería el resultado de aceptar todos los argumentos de los filósofos modernos que buscan separar el texto de la Biblia y otras obras literarias de sus autores?

12. ¿Qué podemos aprender del carácter de Dios por medio del estudio de las parábolas?

13. ¿En qué sentido está nuestra conciencia “cautiva” a la palabra de Dios?

14. ¿Qué nos dice acerca de Dios el hecho de que él nos habla a nosotros en las Sagradas Escrituras?

CAPÍTULO DOS

EL AUTOR HUMANO

A través de los siglos el pueblo de Dios ha afirmado que el autor divino de las Escrituras ha comunicado su Palabra a los seres humanos por medio de autores humanos, utilizando las personalidades, cosmovisiones, vocabulario, lenguaje, gramática, emociones, manera de expresarse, historia personal y experiencias de éstos. Dios no habla al ser humano en el idioma desconocido de los ángeles, querubines y serafines sino en lenguaje humano.

Los autores de la Biblia fueron inspirados por el Espíritu Santo en diferentes maneras. 1) Por medio de visiones y sueños. 2) Por la iluminación del intelecto sin visiones y sueños. 3) Por ángeles. 4) Por el *urim* y el *tumim*. 5) Por revelación natural. 6) Por la palabra de Dios hecha carne en Jesucristo.

En el Antiguo Testamento los primeros profetas eran llamados videntes porque Dios les revelaba su voluntad por medio de visiones. El profeta Isaías recibió su llamado a ser profeta por medio de una visión en el templo en donde vio al Señor acompañado de serafines "excelso y sublime, sentado en un trono" (Is 6:1). Al contemplar Isaías la majestad y santidad del Señor se siente tan conmovido y tan indigno que exclama: "¡Ay de mí, que estoy perdido!" (Is 6:5). Isaías sabía que el hombre pecaminoso que se acerca demasiado a la santidad de Dios muere, así como sucedió con el levita Uza que cayó fulminado cuando extendió su mano para tocar al arca de Dios (2S 6:6-7). Pero el Señor envió a uno de los serafines a tocar los labios de Isaías con una brasa tomada del altar. Así fue como Isaías fue perdonado y consagrado para ser profeta. Para desempeñar su oficio de proclamar la Palabra, los profetas del Señor como Isaías son llamados, consagrados, y enviados, y sus bocas son purificadas.

El Señor comenzó a preparar a Jeremías para ser profeta antes de que él naciera (Jer 1:5). Luego, cuando vino la palabra del Señor a Jeremías para llamarlo a ejercer el oficio profético, el Señor extendió su mano y le tocó la boca diciendo: "He puesto en tu boca mis palabras" (Jer 1:9). Jeremías sufrió mucha persecución por causa de sus profecías, y se quejó amargamente por las burlas que tuvo que soportar cuando anunciaba los juicios del Señor sobre el pueblo de Judá. Jeremías quiso abandonar su oficio profético pero no pudo porque la palabra que Dios había puesto en su interior era como un fuego ardiente que no podía ser contenido. En contra de su propia voluntad y a pesar de la persecución de sus enemigos, Jeremías no pudo hacer otra cosa que proclamar la palabra que el Señor había puesto en él. En Jer 20:7-9 se puede observar la angustia del profeta: "¡Me sedujiste, SEÑOR, y yo me dejé seducir! Fuiste más fuerte que yo, y me venciste. Todo el mundo se burla de mí, se ríen de mí todo el tiempo. Cada vez que hablo, es para gritar: '¡Violencia! ¡Violencia!' Por eso la palabra del SEÑOR no deja de ser para mí un oprobio y una burla. Si digo: 'No me acordaré más de él. Ni hablaré más en su nombre', entonces su palabra en mi interior se vuelve un fuego ardiente que me cala hasta los huesos. He hecho todo lo posible por contenerla, pero ya no puedo más."

Algo semejante expresa el joven Eliú hijo de Baraquel al escuchar los argumentos de Job y sus tres amigos, los sabios Elifaz, Bildad y Zofar. Ante los ancianos de su pueblo y especialmente ante los que son considerados sabios, le toca al joven Eliú mantenerse callado. Pero el Espíritu de Dios que ha entrado en su interior no le permite callarse, por eso Eliú declara: "Estoy como vino embotellado, como vino en odre nuevo a punto de estallar. Tengo que hablar y desahogarme; tengo que abrir la boca y dar respuesta" (Job 32:18-20).

Eliú no fue un profeta como Isaías, Jeremías o Ezequiel sino un sabio. Se llaman sabios a los autores de los rollos bíblicos que conocemos como los libros de Sabiduría, a saber: Proverbios, Eclesiastés, Job, y ciertos salmos como el 1, 19 y 119. Pero en Job 32:8, Eliú declara que cuando los sabios realizan sus investigaciones y componen sus proverbios también son inspirados por el Espíritu de Dios: "Pero lo que da entendimiento al hombre es el espíritu que en él habita; ¡es el hálito del Todopoderoso!"

El profeta Amós también fue perseguido por el rey Jeroboam II de Israel y su sumo sacerdote Amasías. Fue acusado de ser conspirador, un crimen serio que bien le podía costar la vida. Pero así como Jeremías y Eliú, Amós no pudo callar la palabra profética que el Señor había puesto en su boca. Por lo tanto Amós declaró: "Ruge el león; ¿quién no temblará de miedo? Habla el SEÑOR omnipotente; ¿quién no profetizará?" (Am 3:8).

Ezequiel recibió su llamado a ser profeta por medio de visiones que recibió cuando estaba entre los deportados a orillas del río Quebar en Babilonia (Ez 1 y 2). Al relatar sus visiones, Ezequiel habla tanto de lo que vio como de lo que oyó. Al describir su visión Ezequiel dice: "Mientras me hablaba, el Espíritu entró en mí" (Ez 2:2). Por medio del Espíritu de Dios que Ezequiel recibe, el profeta es llamado a ejercer su ministerio profético. Dios le ordena a Ezequiel a comer un rollo, escrito en ambos lados, que contiene la profecía de que él será llamado a proclamar a la nación de Israel. En otras palabras, el profeta es llamado a internalizar y encarnar la misma palabra de Dios y después a profetizar. Las palabras "Abre tu boca y come lo que te voy a dar" (Ez 2:8) expresan gráficamente lo que se entiende por inspiración: el profeta que es llamado a proclamar la palabra de Dios es aquel que ha recibido dentro de su ser el Espíritu y la palabra de Dios. Lo que proclama el profeta es la palabra que él ha recibido del Señor: "Por lo tanto, cuando oigas mi palabra, adviértele de mi parte..." (Ez 3:17); "...cuando yo te hable, te soltaré la lengua y les advertirás: 'Así dice el SEÑOR omnipotente.' El que quiera oír, que oiga; y el que no quiera, que no oiga" (Ez 3:27).

El libro de Amós comienza informando a sus lectores: "Éstas son las palabras de Amós, pastor de Tecoa. Es la visión que recibió acerca de Israel dos años antes del terremoto, cuando Uzías era rey de Judá, y Jeroboán hijo de Joás era rey de Israel" (Am 1:1). Estas palabras introductorias sitúan las profecías del libro de Amós dentro de una historia específica. La profecías son dirigidas a situaciones concretas, dentro de un contexto geográfico, cronológico, y político concretos. Como en el caso de Isaías, las visiones que recibe Amós son tanto audibles como visibles. En Amós 8:1 leemos: "El SEÑOR omnipotente me mostró en una visión una canasta de fruta madura y me preguntó; –¿Qué ves, Amós?" Tanto lo que Amós ve por medio de una visión, como las palabras que explican el significado de tal visión, vienen del Señor. En el caso de muchos otros profetas, la inspiración que recibieron de imágenes visibles y palabras audibles interpretaban el significado de la imagen o símbolo.

El caso más claro es el de Micaías que profetizó la muerte del rey Acab (1R 22). Primero Micaías le dice al rey: "–Vi a todo Israel esparcido por las colinas, como ovejas sin pastor" (1R 22:17). Después le cuenta a Acab: "Vi al Señor sentado en su trono con todo el ejército del cielo alrededor de él, a su derecha y a su izquierda" (1R 22:19). Micaías sigue relatando al rey la conversación entre Dios y sus ángeles sobre la manera en que Acab sería inducido a creer en las profecías de los profetas de Baal y en cómo moriría en la batalla de Ramot de Galaad. Micaías especificó que vio lo que iba a suceder. Dios se comunica con algunos de sus profetas por medio de visiones, por eso se llaman "videntes".

En 1 Samuel 9 leemos cómo Saúl y su criado van a consultar a Samuel acerca de las burras extraviadas de su padre. El texto designa a Samuel como un vidente, uno que por un don especial del Espíritu puede ver cosas que los otros hombres no pueden percibir. Es bien conocida la historia de cómo Dios llamó directamente a Samuel para ser profeta y vidente y cómo Samuel al escuchar la voz del Señor que lo llamaba le respondió: "–Habla, que tu siervo escucha" (1S 3:10). En el caso del llamamiento de Samuel tenemos un ejemplo de un profeta que oyó a Dios hablándole audiblemente con una voz que parecía ser una voz humana.

El libro de Números nos da a entender que algunos profetas recibieron los oráculos al caer en trance y recibir visiones del Señor. Así describe al profeta Balán: "Palabras de Balán hijo de Beor; palabras del varón clarividente. Palabras del que oye las palabras de Dios, del que contempla la visión del Todopoderoso, del que cae en trance y tiene visiones" (Nm 24:3).

En 2 Reyes 3:15 leemos que el profeta Eliseo empleaba la música para poder caer en trance profético y así recibir un oráculo del Señor: "...¡que me traigan un músico! Mientras el músico tañía el arpa, la mano del SEÑOR vino sobre Eliseo, y éste dijo:..." En 1 Samuel 10:5 leemos de un grupo de profetas que venían profetizando y junto a ellos se encontraban músicos que tocaban liras, panderetas, flautas y arpas. Al encontrarse con este grupo de profetas, el joven Saúl, que acababa de ser ungido como rey de Israel, cae en trance profético y profetiza junto a ellos.

Juan, el autor del Apocalipsis, también recibió la revelación de Dios por medio de visiones: "En el día del Señor vino sobre mí el Espíritu, y oí detrás de mí una voz fuerte, como de trompeta, que decía: 'Escribe en un libro lo que veas y envíalo a las siete iglesias...'" (Ap 1:10-11).

De acuerdo con el Evangelio de San Juan, el sumo sacerdote Caifás poseía el don de profecía aunque fuera un enemigo declarado de Jesús y de su proclamación del reino de Dios. Sin saber el significado de lo que decía Caifás anunció por inspiración del Espíritu Santo que era conveniente que muriera un solo hombre por el pueblo (Jn 11:50).

También Dios revelaba su voluntad por medio del echar suertes (1S 10:20-21). El sumo sacerdote llevaba en su efod dos piedras denominadas *urin* y *tumim* (Éx 28:30). Se solía echar suertes para determinar la voluntad de Dios. La última vez que en la Biblia se menciona la costumbre de echar suertes es en la elección de Matías al apostolado. Después del derramamiento del Espíritu Santo ya no se menciona más el uso de suertes para determinar la voluntad del Señor. Muchos creen que esto es así porque ahora en la nueva era del Espíritu Santo es el mismo Espíritu que nos guía a toda verdad (Jn 16:13).

La inspiración de los libros de la Biblia no quiere decir que la personalidad de los autores humanos fue anulada mientras escribían. Una de las maneras de discernir los espíritus es reconocer que el Espíritu Santo nunca busca anular la personalidad humana sino afirmarla, purificarla y cxaltarla. Son los cspíritus inmundos y los demonios que intentan imponer su voluntad y su personalidad sobre las personas poseídas por ellos de tal manera que sus personalidades se desintegran y se anulan. Los antropólogos que se han dedicado a investigar tales movimientos como la Santería y la Umbanda nos informan que los médium (caballos de los espíritus) no recuerdan nada de lo que los espíritus han hablado por medio de ellos mientras que estaban en trance. La desintegración de la personalidad de los médium es con frecuencia tan intensa que sufren extrema fatiga y debilidad después de que los espíritus salen de ellos. A menudo, estos "caballos de los espíritus" son víctimas de trastornos mentales, alcoholismo, drogadicción y suicidio. En cambio, los profetas inspirados por el Espíritu Santo son dotados de nuevas fuerzas, paz, y gozo como resultado de la presencia del Espíritu Santo en sus vidas. En vez de estar inconscientes[21] y olvidar lo que el Espíritu profetiza por medio de sus bocas, recuerdan todo, como en el caso de Jeremías y el rey Joacim.

Jeremías 36:1-2 relata lo siguiente: "Esta palabra del SEÑOR vino a Jeremías en el año cuarto del rey Joacim, hijo de Josías: 'Toma un rollo y escribe en él todas las palabras que desde los tiempos de Josías, desde que comencé a hablarte hasta ahora, te he dicho acerca de Israel, de Judá y de las otras naciones.'" Al escuchar la lectura de las palabras del rollo, el rey Joacim, para evitar que se cumplieran las profecías escritas en el rollo, mandó quemarlos en el fuego del brasero. Sin embargo, nos dice la Biblia: "Jeremías tomó otro rollo y se lo dio al escriba Baruc hijo de Nerías. Baruc escribió en el rollo todo lo que Jeremías lo dictó, lo cual era idéntico a lo escrito en el rollo quemado por el rey Joacim" (Jer 36:32).

Si de verdad el autor divino de la Palabra nos habla por medio de autores humanos, entonces para entender esa Palabra el que la oye o busca cómo interpretarla y aplicarla a su realidad, debe conocer bien el lenguaje en el que el autor bíblico nos la comunica. Es por ello que los grandes traductores e intérpretes de la Biblia como San Jerónimo, Martín Lutero, y Casiodoro de Reina han enfatizado la necesidad de basar nuestra interpretación del texto en los idiomas originales en que fueron escritos. Pero dada la conexión tan estrecha e irrompible entre el autor y el texto es necesario conocer bien tanto el idioma y la gramática del texto como al autor. Una interpretación responsable del texto nos llevará a postular ciertas preguntas básicas en cuanto al autor del mismo: ¿Quién fue el autor? ¿Qué sabemos de él? ¿Cuál fue su propósito al escribir este texto? ¿Cuáles fueron las circunstancias en las que se produjo el texto? ¿Cuál es el texto? ¿Quiénes fueron los destinatarios originales del texto? ¿Podemos afirmar que hoy en día este texto tiene algo que decirnos? ¿Estamos entre los receptores del texto?

Tales consideraciones han llevado a algunos eruditos a afirmar que es parte de nuestra responsabilidad como intérpretes de un texto bíblico aprender tanto el idioma y la gramática utilizados por el autor humano, como sobre el escritor mismo. Para interpretar una epístola del apóstol San Pablo hay que conocer a Pablo, su historia personal, las experiencias más importantes de su vida, su manera de pensar y de expresarse, sus emociones, sus procesos mentales, su sicología y el resto de su producción literaria. Debemos tratar de ponernos en el lugar del autor del texto y pensar como él pensó.

Sabemos que esta tarea hermenéutica es una empresa incompleta porque humanamente hablando nunca seremos capaces de conocer o entender perfectamente un idioma o a una persona. Los autores humanos de la Escritura pertenecían a una cultura diferente a la nuestra y se expresaron según los criterios y la cosmovisión de esa cultura. Generalmente cuando un mensaje es traducido a otra cultura existe la posibilidad de distorsión. Cuando hablamos de la comunicación transcultural de la palabra de Dios tenemos que tomar en cuenta las tres culturas involucradas en el proceso: 1) La cultura del autor humano del texto; 2) la cultura de los recipientes originales del mensaje; 3) la cultura de los receptores modernos.

San Pablo era judío, hebreo de hebreos, alumno del famoso rabino Gamaliel, conocedor del Antiguo Testamento y las interpretaciones rabínicas del mismo. Al escribir sus cartas a los corintios Pablo tuvo que presentar el evangelio en términos que pudieran ser entendidos por los ciudadanos griegos y romanos de la ciudad de Corinto. Las cartas de Pablo a los corintios representan una contextualización del evangelio a la cultura grecorromana. Pero ocurre una segunda contextualización cuando el lector moderno busca entender el significado de las cartas de Pablo y aplicarlo a su propia vida. En cada contextualización existe la posibilidad de distorsión o de malentendido. En una oportunidad pude experimentar la consternación de una señora campesina al escuchar a un misionero citar las palabras de San Pablo con las que exhorta a sus oyentes a deshacerse del viejo hombre. Los que conocen la manera de pensar de Pablo saben que en este texto el apóstol está hablando de la necesidad de luchar en contra de nuestra vieja naturaleza pecaminosa, pero la señora creyó que el predicador le estaba exigiendo separarse de su esposo quien no era creyente. Al escuchar que el misionero llamaba a los oyentes a desechar el viejo hombre y abrasar el nuevo hombre, la señora, interrumpiendo el sermón, exclamó: "Está bien, puedo divorciarme de mi viejo borracho, pero dime, a mi edad, ¿dónde voy a encontrar un hombre nuevo?"

Este incidente muestra algo de las dificultades que encuentran los comunicadores transculturales de la Palabra en la contextualización del mensaje. Es por esto que el intérprete de la Palabra tiene que poner mucho tiempo y esfuerzo al estudio del idioma, la gramática y la cultura. Hay pocas palabras en griego o hebreo que tienen una traducción exacta en los idiomas modernos. Siempre existen diferencias entre la palabra en el idioma y la cultura originales, y el idioma y la cultura del receptor.

SEGUNDA PARTE
El segundo elemento de estudio: la semilla o el texto

LA PALABRA EN LA CREACIÓN, EL LIBRO DE LA VIDA

Cuando el pueblo de Dios suele hablar de las Escrituras, el término "palabra de Dios" tiene que ver con los escritos que forman parte de la Biblia porque Dios no sólo se revela a los seres humanos a través de la Escritura sino también por medio de la creación o la naturaleza. Desde tiempos muy antiguos los seres humanos han estudiado la creación, es decir, el mundo natural, en busca de una revelación divina acerca de los problemas humanos, la naturaleza de Dios y los misterios del futuro. Desde los primeros siglos de la era cristiana, diferentes autores cristianos han hablado de la revelación natural, o sea, de Dios dándose a conocer por medio de la naturaleza. Ya en la Edad Media San Buenaventura en su *Breviloquium* observó: "El mundo es como un libro en el cual se manifiesta... su hacedor: la Santa Trinidad."[22] Pero fue a partir del siglo 16 que los así llamados deístas y racionalistas popularizaron la expresión "Libro de la Vida" o "el Libro de la Creación". La naturaleza era vista por ellos como un libro en el que el ser humano podía leer la naturaleza y la voluntad del Creador.

En su primer viaje misionero, Pablo y Bernabé llegaron a la ciudad de Listra en Licaonia, una región considerada por los griegos como atrasada, supersticiosa, bárbara y donde los habitantes no habían tenido contacto con la palabra de Dios en forma escrita. En el primer sermón cristiano dirigido a un pueblo bárbaro Pablo declara: "En épocas pasadas él [Dios] permitió que todas las naciones siguieran su propio camino. Sin embargo, no ha dejado de dar testimonio de sí mismo haciendo el bien, dándoles lluvias del cielo y estaciones fructíferas, proporcionándoles comida y alegría de corazón" (Hechos 14:16).

En el primer capítulo de su Epístola a los Romanos, el mismo apóstol Pablo declara que todos los seres humanos no sólo debieron haber aprendido algo acerca del Creador al observar cómo Dios obra en la naturaleza sino que también debieron haber sido llevados a glorificar y adorar a Dios y no a los ídolos: "Lo que se puede conocer acerca de Dios es evidente para ellos, pues él mismo se lo ha revelado. Porque desde la creación del mundo las cualidades invisibles de Dios, es decir, su eterno poder y su naturaleza divina, se perciben claramente a través de lo que él creó, de modo que nadie tiene excusa. A pesar de haber conocido a Dios, no lo glorificaron como a Dios ni le dieron gracias, sino que se extraviaron en sus inútiles razonamientos, y se les oscureció su insensato corazón. Aunque afirmaron ser sabios, se volvieron necios y cambiaron la gloria de Dios inmortal por imágenes que eran réplicas del hombre mortal, de las aves, de los cuadrúpedos y de los reptiles" (Romanos 1:19-23).

El majestuoso Salmo 19 proclama que Dios se reveló a través de la Torá, es decir, la ley de Moisés, y de la creación. En Isaías 6, el profeta nos hace un pequeño relato de su experiencia de la majestuosa teofanía de Yahvé en el templo de Jerusalén. Isaías describe cómo vio al Señor sentado sobre su trono alto y sublime; por encima del Señor había serafines que daban voces el uno al otro diciendo: "Santo, santo, santo, es el SEÑOR Todopoderoso; toda la tierra está llena de su gloria" (Is 6:2-3). El Salmo 19 también nos presenta una teofanía o manifestación de la gloria luminosa de la *shekinah* de Yahvé. Pero en el Salmo 19 no hay ni ángeles ni serafines que entonen el *Sanctus*, el himno de gloria al Señor. Los que cantan el grandioso himno de gloria al Señor en este salmo son los cielos, el firmamento, los días y las noches, es decir, los espacios personificados y los tiempos personificados.

Estos cuatro personajes, cielo, firmamento, día, y noche cuentan, anuncian, pregonan, informan, pronuncian, borbotan, hablan, emiten y declaran un discurso, pero no lo hacen en idiomas o lenguas utilizadas por los seres humanos. En los primeros cuatro versículos del Salmo 19 hay no menos de diez vocablos del campo semántico del hablar. Y lo que se habla es un lenguaje sin palabras que, sin embargo, es un lenguaje que se puede entender. Luis Alonso Schökel en su magnífica exposición de este salmo dice que los cuatro personajes hablan "una lengua universal anterior y superior a la confusión babélica".[23] Y lo que hablan es también palabra de Dios.

Después de hablar de la revelación de Dios en la primera parte del Salmo 19, el salmista habla en la segunda parte del mismo acerca de la revelación de Dios en la Torá, es decir, lo que está escrito en la ley de Moisés. Lo importante aquí es que, al igual que la parábola del sembrador, el Salmo 19 declara muy enfáticamente que el Dios de la Biblia es un Dios que comunica, que habla, que tiene una voz y que conversa con nosotros por medio de los rollos o libros del Antiguo y Nuevo Testamentos y por las obras que ha creado. En el Salmo 19 vemos entonces que el salmista habla de la revelación de Dios tanto en el Libro de la Ley como en lo que algunos han llamado el Libro de la Creación o el Libro de la Vida.

Ahora, en este contexto es muy importante recordar que la revelación de Dios en la creación no es una revelación completa de su naturaleza ni de su voluntad. La revelación en el así llamado libro de la creación no nos dice todo lo que necesitamos saber acerca de Dios y su plan para nosotros y nuestro mundo.[24] Dios no es el único que puede darse a conocer en la creación y en la historia del mundo. Martín Lutero estaba muy consciente de que Satanás y las fuerzas del mal también son capaces de actuar dentro de la creación y dentro de la historia. Aquel que lee solamente el libro de la creación y de la historia en su búsqueda de Dios, fácilmente podría confundir las obras de Dios con lo que hacen las fuerzas ocultas.

No se debe leer el libro de la creación, por lo tanto, sin leer el libro de la Torá. El Salmo 19 mantiene unidos la revelación de Dios en la creación con la revelación de Dios en la Torá. Hay que estudiar la creación y la historia a la luz de las grandes obras de Dios en Israel y en su Hijo Jesucristo. Hay que estudiar el libro de la creación a la luz del libro de la redención en Jesucristo. Antropólogos cristianos y estudiantes de la historia de religiones han llegado a la conclusión de que el mismo Dios que se ha dado a conocer en Jesucristo también se revela en los libros sagrados, tradiciones, mitologías y religiosidad popular de pueblos tradicionalmente clasificados como pueblos no cristianos, paganos o lo que algunos han llamado cristopaganismo. Un teólogo indígena ha afirmado que el Libro de la Vida es la revelación natural de la ley que Dios ha dado a conocer en la vida y cultura de cada pueblo. "Dios y su plan de salvación son revelados en las culturas de cada pueblo. Dios ha evangelizado cada pueblo (antes de la llegada del primer misionero). Ha utilizado nuestra ropa, flechas y calabazas llenas de cerveza de maíz... y nos ayuda a crear una historia de salvación propia de nosotros."[25] Esta declaración presume no solamente una revelación de la ley de Dios en cada cultura sino también una revelación de su plan de salvación. Ahora, todo plan de salvación que no incluye a Jesucristo se vuelve irremediablemente un plan de salvación basada en los sacrificios, devociones, ceremonias y las obras de la ley. El pueblo de Dios, en cambio, insiste en que "es evidente que por la ley nadie es justificado delante de Dios, porque el justo por la fe vivirá" (Gá 2:11). El Libro de la Creación puede revelarnos algo de la ley de Dios, pero necesitamos las Sagradas Escrituras para revelarnos el evangelio, es decir, el mensaje de salvación basado en lo que Dios mismo ha realizado en su Hijo, Jesucristo.

Con el surgimiento de la Teología de la Liberación en América Latina se ha enfatizado muy correctamente que el Dios que se nos revela en la Biblia es un Dios que oye el clamor de los oprimidos y marginados, un Dios que actúa en la historia para liberar a los esclavos y pobres que han sido rechazados por los poderosos. Tanto en el libro de Éxodo como en el ministerio de Jesús de Nazaret vemos un Dios que se identifica con los más humildes y que está presente con ellos en sus sufrimientos, su pobreza y el rechazo al cual han sido sujetos. El nacimiento de Jesús no fue en un palacio o en una mansión sino en un establo humilde. Los primeros en ser invitados a adorar al Hijo de Dios no fueron los líderes políticos y eclesiásticos del pueblo sino los pastores de Belén, considerados inmundos y vulgares por los líderes religiosos del pueblo. En su sermón inaugural en la sinagoga de Nazaret, Jesús proclamó que había sido ungido para anunciar buenas nuevas a los pobres (Lc 4:18). Estos textos bíblicos y muchos otros semejantes llevaron a la iglesia en América Latina a ver cómo había errado al utilizar la mayor parte de su tiempo y sus recursos para atender a las necesidades religiosas y educacionales de las clases pudientes mientras que la gran mayoría de los latinoamericanos estaba hundida en la más deplorable pobreza. Se decía que si Dios da tanta importancia a la evangelización y liberación de los pobres, la iglesia también debe tener "una opción preferencial por los pobres".

El concepto de la opción preferencial por los pobres ha llevado a algunos teólogos y antropólogos cristianos a concluir que Dios no se encuentra tanto en los sacramentos que celebra la iglesia institucional en sus oficios, sino en los pobres. Se dice que el sacramento principal en el cual el ser humano puede encontrarse con Dios no es tanto el Bautismo o la Santa Cena sino las personas humildes. Basándose en la parábola de las ovejas y las cabras en Mateo 25:31-46 se asevera que al dar alimentación, alojamiento, y atención a los pobres, en realidad se llega a tener comunión con el Cristo que invisible y sacramentalmente está presente con y en los oprimidos y marginados. Según esta manera de interpretar Mateo 25, los pobres son el sacramento principal de los que forman el verdadero pueblo de Dios.

Un corolario de esta manera de pensar es la idea de que si Dios es el Dios de los pobres, entonces siempre debió haber estado presente entre los pobres, comunicándoles su amor, su Espíritu, y dándole dirección a sus vidas. Si Dios siempre ha sido el Dios de todos los pobres, marginados, indígenas y gentiles, entonces se debió encontrar una revelación de Dios en las tradiciones, leyendas, mitos, ceremonias, ritos y libros sagrados de los pueblos indígenas como los aztecas, incas y mayas, o sea en la religiosidad popular. De esta manera se concluye que Dios se revela al ser humano por medio de la creación, de la Biblia, de su Hijo Jesucristo, de la religiosidad popular de cada pueblo, pero especialmente por medio de los pobres, oprimidos y marginados: de los indígenas y de los negros. El resultado de esta fase de la opción preferencial por los pobres es que se busca en la religiosidad de los pobres revelaciones de Dios no contenidas en las Escrituras del Antiguo y Nuevo Testamentos.[26] Este concepto de la revelación ha tenido mas apego en la Iglesia Católica Romana donde se ha aseverado que en realidad hay dos fuentes de revelación y autoridad en la iglesia: la Sagrada Escritura y la tradición. Hoy en día, muchos teólogos de la opción preferencial por los pobres afirman que en la Iglesia Romana la tradición de los pobres, marginados e indígenas debe tomar presidencia sobre la tradición de los poderosos, las élites y la iglesia institucional. Así, para algunos teólogos tanto católicoromanos como protestantes, la religiosidad popular ha llegado a formar parte integral del libro de la vida.

Sin duda, se puede encontrar en la religiosidad popular y en las tradiciones religiosas de otros pueblos muchos elementos valiosos que con algunas adaptaciones pueden ser utilizados para enriquecer nuestra adoración, nuestras devociones y nuestra identificación con el pueblo. La fiesta de los Tabernáculos, la fiesta de la Pascua, la fiesta de Pentecostés y casi todas las grandes fiestas celebradas por el pueblo de Israel en el Antiguo Testamento eran adaptaciones o transposiciones de fiestas paganas celebradas originalmente por los antiguos cananeos, egipcios y babilonios así como nuestra celebración de la Navidad el 25 de diciembre es una adaptación y transposición cristiana de la vieja celebración del nacimiento de Mitra, el dios sol de los antiguos habitantes de Persia. La mayoría de los eruditos opinan que el Salmo 29 era originalmente un himno cananeo dedicado al dios Baal que se manifestaba en la tempestad. El autor bíblico, bajo la inspiración del Espíritu Santo, tomó este himno y lo cambió y adaptó para que sirviera como un himno que celebra el poder y la majestad de Yahvé, el Dios de Israel y creador del universo.[27]

Sin embargo, un estudio de la historia de las religiones, nos mostrará que la religiosidad popular puede ser un reflejo de la ley de Dios escrita en el corazón del hombre o del anhelo universal del ser humano de encontrarse con el DIOS DESCONOCIDO (Hch 17:23). Al mismo tiempo, la religiosidad puede ser la fuente de toda clase de creencias y practicas equivocadas, peligrosas y hasta diabólicas. Las cruzadas de la Edad Media con su fanatismo, violencia y pogromos tan sanguinarios en contra de los judíos, prostitutas y hasta miembros del alto clero son producto de una religiosidad popular de las masas medio cristianizadas de Europa. Fueron realmente las masas populares con líderes como Pedro el Ermitaño las que casi obligaron al papa a declarar una guerra santa en contra de los infieles. Los que participaban en las cruzadas luchaban con la idea equivocada de que podían lograr su salvación quitándole la vida a unos moros así como dijo el obispo del Mío Cid ante don Rodrigo.[28] Se debe recordar que también son hijos engendrados por una religiosidad popular errada las así llamadas peregrinaciones y cruzadas de niños. Los miles de niños franceses que en el 1212 salieron con el niño Esteban nunca llegaron a Tierra Santa. Dos navíos que llevaban a estos niños naufragaron en una tempestad y todos perecieron. Los ocupantes de los otros cinco barcos fueron vendidos como esclavos. Otros desastres acabaron con los que marcharon en la segunda cruzada de niños que salió unos años más tarde con el niño Nicolás. A pesar de todos los intentos del clero y de la iglesia institucional de prohibir las cruzadas de los niños y hasta excomulgar a los participantes, el fenómeno siguió durante los siglos 13, 14 y 15. Y así siguieron pereciendo miles de niños pobres de ambos sexos, hipnotizados por el contagio colectivo de una religiosidad popular mal concebida.[29]

Las penitencias exageradas de los flagelantes, con indudables muestras de exhibicionismo sadomasoquista, también pueden ser incluidas entre las prácticas aberrantes de una religiosidad popular que casi siempre se inclina hacia la justificación a través de la mortificación de la carne. Los miembros de las cofradías de los flagelantes solían flagelarse públicamente con correas de cuero que tenían en sus puntas bolas de hierro mientras que marchaban descalzos en grandes procesiones de pobres, mujeres, niños, monjes, nobles y clérigos. Tales exhibiciones de la religiosidad popular, por cierto, impresionaban en gran manera a las gentes sencillas pero no lograban comunicar la justificación por los méritos de Cristo.[30]

Otra manifestación de la religiosidad popular fue la rebelión Taiping en la China, un levantamiento religioso popular que terminó en la extinción de millones de vidas humanas. El levantamiento de los Turbantes Amarrillos y la rebelión Bóxer en la China son otros productos de una religiosidad popular que muy poco tenía que ver con el Espíritu de Cristo. Todas terminaron en violencia y gran derramamiento de sangre. El fanatismo de los seguidores de Antonio Conselheiro en Canudos, celebrado en la famosa novela de Mario Vargas Llosa, *La guerra del fin del mundo*, es una manifestación de la religiosidad popular nacida en América Latina.[31] Las novelas de Gabriel García Márquez, Miguel Otero Silva y Mario Vargas Llosa están repletas de escenas de horror que han emanado de una religiosidad popular perversa que en vez de servir como una fuerza liberadora para las masas, ha sido una de las causas de sus aflicciones. Casi todas las doctrinas marianas como la Asunción de la Virgen María y la Inmaculada Concepción son productos no de profundos estudios exegéticos de parte de los teólogos de la iglesia sino de las masas todavía influenciadas por las creencias paganas en la "gran madre" de sus antepasados no-cristianos.[32] El gran problema al buscar nuevas revelaciones de Dios en la religiosidad popular es que el padre de la mentira con frecuencia ha utilizado y sigue utilizando la religiosidad popular para engañar, cegar y destruir a las ovejas del Señor.

La historia de Juan Diego y su encuentro con la Virgen de Guadalupe relatada en el *Nican Mopohua*, es uno de los ejemplos más patentes de cómo la religiosidad popular puede crear nuevas revelaciones y nuevos textos que llegan a funcionar como un segundo canon y ser considerados tan y hasta más importantes que los libros canónicos del Nuevo Testamento.[33] Un reconocido teólogo latinoamericano ha declarado que la aparición de la Virgen de Guadalupe es el evento más importante y trascendental que haya ocurrido en la historia del mundo, desde el derramamiento del Espíritu Santo sobre la iglesia hasta el día de hoy. Los muchos comentarios que se han escrito sobre el mito de Guadalupe y las innumerables devociones guadalupanas constituyen un testimonio elocuente de cómo la historia de Guadalupe funciona como un nuevo libro de la Santa Escritura, aunque nunca ha sido declarado como tal por la iglesia institucional.

Una pregunta que siempre ha surgido en los escritos de los teólogos desde los días de la iglesia primitiva ha sido: ¿Se revela Dios en otras religiones, o solamente en la de los hebreos? Según el conocido misiólogo holandés Hendrik Kraemer,[34] la revelación es un acto de la gracia divina por medio del cual Dios da al ser humano perdido su voluntad y su amor (Ro 2). La revelación especial en las Sagradas Escrituras nos muestra que Dios apasionadamente desea estar en contacto con el ser humano. Tanto las Escrituras como la encarnación nos revelan que es Dios quien actúa para buscar al ser humano. En cambio, los libros sagrados de las otras grandes religiones hablan de la búsqueda de Dios que realizan los seres humanos. Se puede observar y apreciar en las religiones no-cristianas la preocupación y el afán del ser humano tanto de buscar a Dios como de huir de él. Los sacrificios practicados en casi todas las culturas testifican que se necesita una expiación, una reconciliación. Se puede apreciar en los himnos, lamentos y mitos de las grandes religiones y también en la religiosidad popular, en nuestra hambre de Dios y en nuestra búsqueda de la santidad y del paraíso perdido. Pero a fin de cuentas es el ser humano quien a través de sus sacrificios, técnicas de meditación y obras de caridad, logra su liberación, purificación y realización de la salvación. Las otras religiones son una manifestación de la profunda religiosidad del ser humano y su deseo de entrar en la presencia de Dios, pero no son una revelación de aquel que es el camino, la verdad y la vida. La encarnación es la negación de todo intento del ser humano de alcanzar a Dios por medio del misticismo, ascetismo o especulación racionalista.[35]

Otro problema con el así llamado "libro de la vida" y de la religiosidad popular es que no existe una clave para la interpretación correcta de lo que allí se lee. Cada uno verá en el libro de la naturaleza lo que está predispuesto a ver. Veinte diferentes personas descubrirán veinte diferentes interpretaciones o aplicaciones. La naturaleza o la creación nos pueden hablar, pero no nos proveen de una hermenéutica para hacer la interpretación. En vez de encontrar a Dios en la naturaleza muchos encuentran solamente los reflejos que ellos mismos han proyectado sobre la naturaleza. En vez de descubrir a Dios detrás de la máscara de la naturaleza, ven solamente espejos en donde se reflejan a sí mismos. El filósofo alemán Friedrich Nietsche afirmó que el arte es un intento del ser humano de transformar las cosas de tal manera que reflejen su propio poder.

LA PALABRA DADA POR REVELACIÓN DIVINA (ESCRITURA, SÍMBOLO, HISTORIA)

Según la fe del pueblo de Dios, aunque Dios sí ha dado una revelación de sí mismo en la naturaleza, esta revelación que nos otorga la creación y también la historia del mundo no es suficiente para dar al ser humano una idea clara de la naturaleza del Creador y de su plan para sus criaturas. La naturaleza nos da una idea del gran poder de Dios y de su sabiduría al crear y preservar un universo tan maravilloso y complejo. Así lo exclama el salmista al decir: "¡Te alabo porque soy una criatura admirable! ¡Tus obras son maravillosas, y esto lo sé muy bien!" (Sal 139:14). Muchos de los grandes himnos del pueblo de Dios también nos hablan de cómo toda la creación proclama la bondad y la sabiduría de Dios. San Pablo declara que Dios "...no ha dejado de dar testimonio de sí mismo" (Hch 14:17).

Pero la naturaleza y la historia también funcionan como máscaras que sirven para esconder la naturaleza y los propósitos de Dios. No es siempre fácil discernir la mano de Dios en la historia y en el mundo porque Dios no es el único actor en el drama de la historia humana. Hay mucho que sucede en la historia y en el mundo que va en contra de la voluntad de Dios y del establecimiento de su reino. Jesús no sólo nos habla del sembrador que viene para sembrar la semilla del reino de Dios, sino también de un enemigo que siembra mala hierba (Mt 13:24-43). No se puede discernir en toda historia o en todo acontecimiento natural la mano del buen creador o una revelación de su buena voluntad.

Los acontecimientos naturales e históricos pueden servir a los seres humanos como una revelación de la presencia y actividad de Dios pero no pueden indicarles si el Dios que se esconde detrás de los fenómenos es su amigo o su enemigo, o si Dios está actuando a su favor o en su contra. En un día soleado de primavera, al observar los bellos colores y sentir las exóticas fragancias de las flores, el trino de las aves y las caricias de una brisa suave, el ser humano fácilmente podría concluir que Dios es un ser benigno, amoroso y pacífico. Pero al sentir la furia de una tempestad, el poder destructor de un terremoto o la devastación causada por una inundación, el mismo ser humano podría concluir que el Dios que se esconde detrás de la naturaleza es su enemigo.

Según Génesis 1:27 los seres humanos han sido creados a la imagen de Dios. Esto ha llevado a muchos pensadores a concluir que se puede conocer algo de la naturaleza de Dios al estudiar a los seres que llevan su imagen. Sin duda, hay algo que podemos aprender de Dios al estudiar los seres humanos. Podemos concluir, por ejemplo, que Dios es un ser que quiere tener comunión con otros seres en vez de existir encerrado en sí mismo. Pero hay que recordar que el ser humano es un ser caído y la imagen de Dios que lleva es una imagen distorsionada. El intento de conocer a Dios a través del estudio del ser humano casi siempre termina con la confección de un dios falso creado a la imagen del ser humano.

Otros afirman que la conciencia es la voz de Dios dentro del ser humano. Pero tal aseveración ni concuerda con el testimonio de las Escrituras ni con la sicología. Nuestra conciencia o súper-ego funciona a base de lo que hemos aprendido, sea bueno o sea malo. Si he aprendido que comer carne o tomar vino es una abominación, sufriré remordimientos de conciencia al comer carne o tomar vino. Si, en cambio, me han enseñado que es la voluntad de Dios que yo participe en ceremonias religiosas donde el consumo de carne y vino es obligatorio, mi conciencia me dejará quieto. La conciencia del ser humano se deja comprar. Con practicar muchas obras de penitencia o con padecer sufrimientos auto-impuestos podemos pacificar la voz con la que nuestra conciencia nos ataca. Dios, en cambio, no puede ser comprado. Con frecuencia nuestra conciencia nos sigue acusando sin perdonarnos a pesar de la absolución que Dios nos ha dado. 1 Juan 3:20 nos dice: "...aunque nuestro corazón (o conciencia) nos condene, Dios es más grande que nuestro corazón y sabe todo". En otras palabras, lo que nuestra conciencia no sabe es perdonar, pero Dios, por el sacrificio de Cristo, sí sabe perdonar. Podemos afirmar que nuestra conciencia es la voz de Dios solamente cuando haya sido instruida por la palabra de Dios. Por lo tanto, sería peligroso buscar nuevas revelaciones de Dios a base del testimonio de nuestra conciencia. Si en verdad queremos una revelación de Dios tenemos que buscarla donde Dios mismo ha indicado.

De acuerdo con el testimonio del Nuevo Testamento, la revelación definitiva de Dios se ha hecho en Jesucristo, su muerte en la cruz y su resurrección. Esta revelación definitiva de Dios en Cristo es considerada como tontería o locura por la sabiduría de este mundo. Pero según Pablo: "...la locura de Dios es más sabia que la sabiduría humana" (1Co 1:25).

Para Lutero, "no hay otro Dios que aquel que se revela en Cristo". La Carta a los Hebreos comienza con una asombrosa declaración: "Dios, que muchas veces y de varias maneras habló a nuestros antepasados en otras épocas por medio de los profetas, en estos días finales nos ha hablado por medio de su Hijo. A éste lo designó heredero de todo, y por medio de él hizo el universo. El Hijo es el resplandor de la gloria de Dios, la fiel imagen de lo que él es, y el que sostiene todas las cosas con su palabra poderosa" (He 1:1-3).

Aquí el autor de Hebreos nos declara que hasta las revelaciones dadas en tiempos pasados por medio de la creación, la ley escrita en el corazón de los seres humanos y los profetas inspirados del Antiguo Testamento son una revelación parcial, fragmentaria e incompleta. La revelación más definitiva y completa nos ha sido dada en Jesucristo. Jesucristo es la palabra última y absoluta de Dios a los seres humanos. Por lo tanto, cuando se utiliza el término "palabra de Dios" el pueblo de Dios está hablando de la revelación en la naturaleza o la revelación en los escritos de la Biblia y sobre todo de la revelación de Jesucristo, la Palabra [el Verbo] hecha carne (Juan 1:14).[36] Un hombre puede escribir unas cuántas cartas a cierta señorita declarandole en ellas su amor. Estas cartas pudieran ser una verdadera revelación de los sentimientos más profundos de su corazón, pero posiblemente pudiese ganar más rápido el amor de la señorita de su sueños si se presentara personalmente para hacer su declaración de amor. Esto es precisamente lo que hizo Dios en la encarnación. Si realmente yo quisiera conocer lo que Dios siente por mí en su corazón, no fijaría mi mirada en la creación, ni en el testimonio de mi conciencia, ni en los símbolos y mitos de la religiosidad popular, sino en Cristo crucificado. En el sacrificio supremo del Hijo de Dios por mí puedo ver dentro del corazón del Padre y entender que Dios es amor.

PREGUNTAS PARA REFLEXIÓN

1. ¿De qué diferentes maneras comunicó el Espíritu Santo a los autores de las Sagradas Escrituras lo que escribieron?
2. ¿Por qué merece San Jerónimo ser llamado el santo patrono de los traductores bíblicos? ¿Qué podemos aprender de él?
3. ¿Qué significa el hecho de que Ezequiel recibió la orden de comer el rollo?
4. ¿Cuáles tres culturas tenemos que tomar en cuenta al estudiar un texto bíblico?
5. ¿Qué entiende usted con la palabra "contextualización"? ¿Qué peligros existen para el intérprete que busca contextualizar su mensaje? ¿Por qué sería igualmente peligroso no contextualizar el mensaje?
6. ¿En qué sentido podemos decir que la naturaleza es un "libro de la vida"? ¿En qué sentido no puede ser llamado un "libro de la vida"?
7. ¿Cómo nos ayuda la Torá a entender mejor el mensaje que contiene el así llamado "libro de la creación"? ¿De qué maneras podríamos malentender el mensaje del "libro de la creación" sin la ayuda de la revelación que Dios nos da en la Torá?
8. ¿Hasta qué punto puede usted encontrar recuerdos, ecos, o reflejos de la verdadera religión en las tradiciones, mitos y creencias populares en la parte del mundo donde usted reside?

9. ¿Qué aberraciones dañinas de la religiosidad popular ha observado usted en el pueblo o región donde usted vive?

10. ¿Por qué podría ser contraproducente y hasta peligroso buscar nuevas revelaciones de Dios en la religiosidad popular?

11. ¿Cuál, según Hendrik Kraemer, es la diferencia principal, en lo que a la revelación se refiere, entre lo que nos dice la Biblia y lo que encontramos en las otras grandes religiones y en las miles de tradiciones de la religiosidad popular?

12. ¿Por qué es tan difícil para nosotros, los seres humanos, discernir la voluntad de Dios en los acontecimientos naturales e históricos?

13. Explique cómo supera la revelación de Dios en Jesucristo a la revelación de Dios en la naturaleza, en los acontecimientos históricos, y hasta en el Antiguo Testamento.

CAPÍTULO TRES

LA SEMILLA SEMBRADA EN EL ANTIGUO TESTAMENTO QUE NACE EN EL NUEVO TESTAMENTO: TIPOLOGÍA

En su sermón sobre la entrada de Jesús en Jerusalén en el Domingo de Ramos, San Efrén de Siria (370 d.C.), al leer el Santo Evangelio del día, invitó a su congregación a recoger los dulces frutos del evangelio, cuya semilla había sido sembrada en el terreno de los profetas en los días del Antiguo Testamento.[37] Al leer las Sagradas Escrituras el intérprete se dará cuenta de las muchas conexiones que existen entre el Antiguo Testamento y el Nuevo. En cierto sentido no se puede entender bien el Nuevo Testamento sin saber algo de sus antecedentes en el Antiguo. Si se lee el Antiguo Testamento sin el Nuevo parecerá una obra incompleta en espera de un cumplimiento futuro. Por eso, el pueblo de Dios ha luchado en contra de todo intento de separar los dos testamentos y de leer el uno sin referencia al otro. Desde los días de la Iglesia Primitiva, se ha reconocido que en el Nuevo Testamento recogemos el fruto de la semilla que fue sembrada en el Antiguo Testamento. El nombre de este fruto es Cristo.

Ya hemos observado cómo la Epístola a los Hebreos (1:1-2) habla de la revelación dada en el Antiguo Testamento como una revelación, en cierto sentido, incompleta y fragmentaria. En el capítulo 4 de Hebreos encontramos una discusión acerca de la idea de reposo. Éste es uno de los temas que ha recorrido todo el Antiguo Testamento desde que apareció por primera vez en los primeros versículos de Génesis 2 en donde se habla del reposo del Creador en el séptimo día después de haber terminado todas sus obras. El tema del reposo que otorga Dios juega un papel muy importante en la Carta a los Hebreos. Aquí se relata cómo Dios actuó por medio de Moisés y Josué para liberar a Israel de su cautividad en Egipto en donde no tenían reposo. Los hijos de Israel fueron conducidos hacia la tierra de Canaán, la tierra que fluye leche y miel, a fin de encontrar reposo de sus sufrimientos y aflicciones. A causa de su desobediencia en el desierto muchos israelitas nunca entraron en el reposo como afirma el Salmo 95:11, sino que murieron en el camino hacia la Tierra Prometida. En el texto de Hebreos se afirma que aun los israelitas que cruzaron el río Jordán con Josué encontraron un reposo parcial, fragmentario o incompleto y no el reposo definitivo que Dios quiere para su pueblo. Por lo tanto, el autor de la epístola declara: "Por consiguiente, queda todavía un reposo especial para el pueblo de Dios; porque el que entra en el reposo de Dios descansa también de sus obras así como Dios descansó de las suyas" (He 4:9-10).

En la literatura rabínica el día de reposo que celebraban los hebreos semanalmente servía como un recuerdo, anticipación y promesa de la futura era mesiánica en el cual el mundo encontraría reposo de todas sus aflicciones y pecados. Pero el Antiguo Testamento termina sin la llegada del reposo esperado. No es casualidad, entonces, que muchas de las sanidades obradas por Jesús ocurren en sábado. Jesús, al sanar las enfermedades y perdonar los pecados en el día de reposo, anunciaba que en su persona había llegado el reposo definitivo del cual todos los sábados del Antiguo Testamento eran sólo una sombra. La celebración del día de reposo ordenado en el Antiguo Testamento encuentra su cumplimiento en Jesús y su reino. El hombre no se hizo para el sábado sino el sábado para el Hijo del hombre y es Jesús quien nos ofrece el reposo definitivo que esperaba en fe el pueblo de Dios en el Antiguo Testamento, como declara Jesús mismo en Mateo 11:28-30: "Vengan a mí todos ustedes que están cansados y agobiados, y yo les daré descanso. Carguen con mi yugo a aprendan de mí, pues yo soy apacible y humilde de corazón, y encontrarán descanso para su alma. Porque mi yugo es suave y mi carga es liviana."

En los capítulos 9 y 10 de la Carta a los Hebreos se habla sobre el Día de la Expiación y los sacrificios que se celebraban en el templo durante el tiempo del Antiguo Testamento. Aunque se ofrecían todos estos sacrificios para recibir el perdón de los pecados, se declaró que "es imposible que la sangre de los toros y los machos cabríos quite los pecados" (He 9:4). El efecto de los sacrificios del Antiguo Testamento era purificar a los seres humanos de la contaminación al tener contacto con cosas consideradas como contaminantes tales como cadáveres, sangre y animales impuros. Los sacrificios del día de expiación eran "...un recordatorio anual de los pecados, ya que es imposible que la sangre de toros y de los machos cabríos quite los pecados" (He 10:3-4). Los sacrificios pudieran otorgar un perdón provisional a aquellos que cometieron pecados por ignorancia pero no a aquellos que pecaron deliberadamente (Nm 15:30-31). Se espera todavía en el Antiguo Testamento un sacrificio definitivo, más efectivo que los que fueron ofrecidos en el templo. Un sacrificio que todavía no ha sido efectuado, del cual todos los sacrificios anteriores son solamente anticipaciones, señales o sombras. Según la Carta a los Hebreos ese sacrificio definitivo fue realizado una vez y para siempre con la muerte de Jesucristo en la cruz (He 10:10). Así, como con el día de reposo, el sistema de sacrificios del Antiguo Testamento era una institución incompleta, parcial y temporal que esperaba su consumación en el futuro.

Los profetas del Antiguo Testamento testifican que el pueblo de Israel fue escogido para cumplir con una misión, y esta misión era en parte ser una luz para las demás naciones. Nunca fue la intención de Dios dar su salvación únicamente a los judíos y excluir a todos los gentiles por ser demasiado corruptos e idólatras. El profeta Zacarías profetiza del día en que "...muchos pueblos y potentes naciones vendrán a Jerusalén en busca del SEÑOR Todopoderoso y de su bendición. Así dice el SEÑOR Todopoderoso: 'En aquellos días habrá mucha gente, de todo idioma y de toda nación, que tomará a un judío por el borde de su capa y le dirá: ¡Déjanos acompañarte! ¡Hemos sabido que Dios está con ustedes!'" (Zac 8:22-23). El tema de que la salvación de Dios es para todos los pueblos también se presenta en Isaías 45:22-23: "Vuelvan a mí y sean salvos todos los confines de la tierra, porque yo soy Dios, y no hay ningún otro... Ante mí se doblará toda rodilla, y por mí jurará toda lengua." Estas palabras de Isaías forman el contexto veteratestamentario de Filipenses 2:10-11.

Del misterioso personaje conocido como el Siervo de Yahvé, Isaías 49:6 declara: "No es gran cosa que seas mi siervo, ni que restaures a las tribus de Jacob, ni que hagas volver a los de Israel a quienes he preservado. Yo te pongo ahora como luz para las naciones, a fin de que lleves mi salvación hasta los confines de la tierra."

Isaías 60:3 habla del día cuando "las naciones serán guiadas por tu luz y los reyes, por tu amanecer esplendoroso". Y en Isaías 19:23-24 leemos: "En aquel día habrá una carretera desde Egipto hasta Asiria. Los asirios irán a Egipto y los egipcios a Asiria, y unos y otros adorarán juntos. En aquel día Israel será, junto con Egipto y Asiria, una bendición en medio de la tierra. El SEÑOR Todopoderoso los bendecirá, diciendo: 'Bendito sea Egipto mi pueblo, y Asiria obra de mis manos, e Israel mi heredad.'"

Estos textos y otros semejantes hablan de Israel llevando a cabo una misión a las naciones, y de la incorporación de gentiles de todas las naciones dentro del pueblo de Dios. Pero el Antiguo Testamento termina sin la realización de este propósito. En el Antiguo Testamento se percibe una orientación no solamente hacia el pasado, hacia las grandes obras de Dios que resultaron en la creación del pueblo de Israel, sino también hacia el futuro, hacia una nueva creación, hacia el reino de Dios. Además se observa que ciertos eventos, personas, objetos e instituciones en el Antiguo Testamento fueron incluidos en el Antiguo Testamento porque fueron vistos como anticipaciones de otros sucesos en el futuro. Se habla de un nuevo David, una nueva creación, un nuevo éxodo, un nuevo Elías, un profeta como Moisés, un nuevo pacto, una nueva circuncisión, un nuevo templo, un nuevo espíritu derramado sobre el pueblo. Todas estas anticipaciones corresponden a eventos, personas e instituciones que surgen en el tiempo de Jesucristo y su cuerpo: la iglesia.

En 1 Corintios 10 Pablo declara que el maná que comieron los israelitas en el desierto y las aguas del Mar Rojo eran ejemplos o anticipaciones de la Santa Cena y el Bautismo que han recibido los miembros de la congregación en Corinto. Las tentaciones que experimentaron los hijos de Israel durante sus 40 años en el desierto son ejemplos de las tentaciones que están experimentando los hermanos en Corinto. Pensando en todos estos sucesos el apóstol afirma: "Todo esto les sucedió para servir de ejemplo, y quedó escrito para advertencia nuestra, pues a nosotros nos ha llegado el fin de los tiempos" (1Co 10:11).

La palabra griega que nuestra Biblia traduce como ejemplo es *tipo*. En Romanos 5:14 Pablo dice que Adán es el tipo o la figura de aquel que había de venir. La palabra *tipo* en griego lleva la idea de una cosa que deja su marca en otra, así como un patrón, o la marca de un martillo. Al hablar de tipografía pensamos en letras que dejan su marca en el papel. Al hablar de tipología pensamos en sucesos y personajes en el pasado que dejaron su marca en eventos y personas que vinieron después. Al leer la Biblia se nota que hay eventos, personas, y cosas en el Antiguo Testamento en los cuales se puede percibir una correspondencia con eventos, personas, y cosas en el Nuevo Testamento. En Juan 3:14 Jesús declara: "Como levantó Moisés la serpiente en el desierto, así también tiene que ser levantado el Hijo del hombre." De acuerdo con esta declaración, el levantamiento de la serpiente de bronce en el desierto fue una anticipación, figura, o sombra de otro evento más importante en el futuro: el levantamiento de Jesús en la cruz y en su ascensión. Así como los israelitas picados por las serpientes de fuego se salvaron al mirar a la serpiente de bronce con fe en la misericordia de Dios, también los seres humanos pueden salvarse del veneno del pecado al mirar con fe al Cristo crucificado y resucitado. La historia de Cristo sirve para abrirnos los ojos, para ver en la historia de la serpiente de bronce una profecía que recibió su cumplimiento en Jesús. Algunos eruditos afirman que en muchos casos los autores humanos del Antiguo Testamento no siempre eran conscientes de las dimensiones tipológicas que recibieron por inspiración del Espíritu Santo.

Los eruditos llaman tipos a los eventos, personas e instituciones en el Antiguo Testamento que anticipan otros eventos, personas e instituciones en el Nuevo Testamento. Los eventos, personas e instituciones en que estos tipos encuentran su cumplimiento se llaman antitipos. La mayoría de los tipos tienen que ver con Cristo y con la iglesia. En el Nuevo Testamento mismo los muchos tipos de Cristo y la iglesia son identificados. Entre ellos tenemos: la Roca de Horeb, las ciudades de refugio, la columna de fuego en el desierto, la vid, el cordero sacrificado en lugar de Isaac, la Pascua, el remanente, la escalera de Jacob, el tabernáculo, el maná, la ciudad de Jerusalén y muchos más. Es importante recordar que tanto el tipo como el antitipo son realidades históricas que se corresponden y no ficciones o fantasías.[38] Los padres de la Iglesia Primitiva y los teólogos de la Edad Media llevaron la interpretación tipológica mucho más adelante, estableciendo dogmas dudosos y prácticas erróneas a base de supuestas correspondencias entre el Nuevo y el Antiguo Testamentos que carecen de todo respaldo bíblico. Por ejemplo, se decía que la zarza ardiente en Éxodo 3 era un tipo de la virgen María porque llevaba por dentro el fuego divino sin ser consumida.[39] A base de esta supuesta correspondencia se buscaba afirmar que la virgen nació y vivió sin pecado. Los reformadores del siglo 16 levantaron sus protestas en contra de semejantes abusos de la interpretación tipológica. Los reformadores establecieron como regla hermenéutica que no se deben establecer nuevas dogmas, prácticas o ceremonias basándose en el empleo de tipos no identificados como tales en el Nuevo Testamento. No se debe utilizar la tipología para establecer doctrina, a menos que el Nuevo Testamento lo haga.[40]

LA PALABRA SEMBRADA EN EL ANTIGUO TESTAMENTO: PROFECÍA

Como hemos visto en la sección anterior, la tipología es el estudio de la correspondencia que existe entre personas, eventos, e instituciones del Antiguo Testamento con otros eventos, personas, e instituciones del Nuevo Testamento. Lo que ha sucedido en el pasado se repite en cierta forma en el futuro pero en una clave más alta y sublime. En el antitipo se cumplen las cosas que se esperaban y anticipaban en el Antiguo Testamento.[41] La conexión entre los dos testamentos se ve más claramente en el cumplimiento de muchas profecías del Antiguo Testamento en el Nuevo Testamento. Mateo en particular, con sus muchas citas de textos en el Antiguo Testamento, busca demostrar a sus lectores judíos que en Jesús se cumplen las palabras de los profetas. Una de las frases favoritas de Mateo es que tal y tal cosa sucedió "para que se cumpliera lo que el Señor había dicho por medio del profeta" (Mt 1:22; 2:5; 2:15; 2:17; 2:23; 3:3; 4:14).

En los salmos leemos muchas oraciones que piden un libertador o salvador que sólo se cumplieron en parte en los tiempos del Antiguo Testamento. Su cumplimiento completo no se realizó hasta la venida de Cristo. Algunos no se realizarán totalmente hasta la segunda venida de nuestro Señor. Un ejemplo de este fenómeno nos proporciona el Salmo 72. El Salmo 72 es una oración del rey David, ya anciano y esperando partir de este mundo para reunirse con sus antepasados. David está orando a fin de que las bendiciones prometidas a su casa real en 2 Samuel 7 sean enviadas a su heredero. Según el relato bíblico, el heredero inmediato de David fue su hijo, el sabio Salomón.[42] Con toda probabilidad el Salmo 72 fue escrito para ser cantado por el coro de los levitas durante el ungimiento de Salomón como nuevo rey de Israel.

Al leer el salmo 72, el estudiante podrá observar cuidadosamente cómo muchas de las cosas que David pidió en su oración se cumplieron durante el reino de Salomón. Por ejemplo: "Que domine el rey de mar a mar, desde el río Éufrates hasta los confines de la tierra. Que se postren ante él las tribus del desierto; ¡que muerdan el polvo sus enemigos! ...que los reyes de Sabá y de Seba le traigan presentes; ...Él librará al indigente que pide auxilio, y al pobre que no tiene quien lo ayude. ...Que abunde el trigo en toda la tierra; ...que abunden las gavillas como la hierba del campo" (vv. 8, 9, 10, 12, 16).

Estas frases nos recuerdan cómo se cumplieron muchas cosas que David pidió para su heredero. Recordamos cómo vino la reina de Sabá trayendo ricos presentes para Salomón (1R 10:10), y cómo Salomón actuó para dar justicia a la pobre prostituta quien estaba a punto de perder a su hijo. Recordamos que durante el reino de Salomón hubo gran prosperidad y gran abundancia de oro y plata.

Sin embargo, otras cosas que pidió el rey David para su heredero no se realizaron durante el reino de Salomón. En el versículo 14 del Salmo se habla del rey que libra de la opresión y la violencia a su pueblo. Pero sabemos por 1 Reyes 11 y 12 que hubo opresión en los días de Salomón. El duro trabajo en los proyectos de construcción del rey y los impuestos que éste impuso sobre su pueblo para mantener a sus muchas esposas y concubinas constituían un yugo pesado para los israelitas (1R 12:3). Nunca llegó el momento en el reino de Salomón en que se podía decir: "Que en su nombre las naciones se bendigan unas a otras; que todos ellas lo proclamen dichoso" (Sal 72:17). Los propios judíos se dieron cuenta de que en Salomón solamente se cumplieron en parte las palabras del salmo 72 y por lo tanto, seguían cantando el mismo salmo en la ceremonia de ungimiento de cada nuevo rey de la línea de David con la esperanza de que en ese rey se cumplieran las palabras del rey David y del Espíritu Santo. No se puede negar que se dieron otros cumplimientos parciales de las palabras del salmo en reyes justos como Ezequías y Josías. Pero al cerrar el canon del Antiguo Testamento todavía no había aparecido el Rey Mesías que guiaría al redil de Israel como un verdadero buen pastor. Al contemplar a todos los reyes que habían pastoreado las ovejas de Israel, desde los días del primer rey hasta Sedequías, el último rey de Judá, el profeta Ezequiel anuncia que Yahvé mismo tendrá que actuar y levantar un nuevo David para ser príncipe de un nuevo Israel: "Yo, el SEÑOR, seré su Dios, y mi siervo David será su príncipe" (Ez 34:24). De acuerdo con la perspectiva del Nuevo Testamento, las palabras del Salmo 72 y las esperanzas de Ezequiel no encontrarían su cumplimiento definitivo hasta que Jesucristo fuese ungido con el Espíritu Santo en las aguas del Jordán y coronado como Rey de los Judíos en la cruz del Calvario.

Algo semejante se puede ver en el texto que jugaba un papel importantísimo en las esperanzas mesiánicas tanto de los judíos y los samaritanos, Deuteronomio 18:15, donde Moisés en vísperas de su muerte declara: "El Señor tu Dios levantará de entre tus hermanos un profeta como yo. A él sí lo escucharás." Moisés pronuncia estas palabras porque los israelitas, sabiendo que Moisés está por morir, están preocupados por el futuro. Su pregunta y su preocupación es: "¿Quién será nuestro profeta después de la partida de Moisés? ¿Quién nos alimentará y guiará con las palabras del Señor después de la muerte de nuestro gran líder y profeta Moisés?" La respuesta que se da en la profecía es que el Señor levantará un nuevo profeta para conducir al pueblo con la palabra de Dios. Esta profecía se cumplió parcialmente en Josué, quien fue ordenado por Moisés para ser su sucesor. Se cumplió parcialmente en cada uno de la larga sucesión de profetas que vino después de Josué: Samuel, Natán, Elías, Eliseo, Amós, Oseas, Miqueas, Isaías, Jeremías y finalmente Malaquías. En cada uno de ellos Dios levantó a un profeta como Moisés, pero no al profeta definitivo. Siempre latía en los corazones de los israelitas la esperanza de la venida no de otro profeta más sino del profeta absoluto. Por esto, al ver cómo Jesús había alimentado al pueblo con pan del cielo como el primer Moisés, la multitud dice: "En verdad éste es el profeta, el que ha de venir al mundo" (Juan 6:14).

Nuevamente vemos aquí cómo una profecía puede tener un cumplimiento, una serie de cumplimientos parciales y después, en un futuro más lejano, un cumplimiento completo y definitivo. Cuando el profeta Isaías anuncia al rey Acaz que nacerá un niño llamado Emanuel como una señal de que Judá será liberado de sus enemigos Rezín, rey de Siria y Pecaj, hijo de Remalías (Is 7:1-14), esta profecía tuvo un cumplimiento cercano (inmediato) que ocurrió durante la vida de Acaz, quien se había negado a pedir una señal milagrosa del Señor. Pero como indica el evangelista Mateo, la profecía tuvo otro cumplimiento lejano (mediato) cuando de la virgen María nace Jesús, el Emanuel en el que todos ponen su esperanza.

El principio hermenéutico de que una profecía puede tener un cumplimiento cercano y otros cumplimientos más lejanos es importante cuando nos fijamos en las profecías de Jesús y el libro del Apocalipsis acerca de los últimos tiempos. Según lo que establece Pablo en 1 Corintios 10:11: "...a nosotros nos ha llegado el fin de los tiempos." Esto quiere decir que, con la encarnación, muerte, resurrección y ascensión de Jesús hemos entrado en lo que los judíos denominaban la edad del futuro o el fin de los tiempos. Ésta sería la última etapa en la historia del mundo. Según lo que establece Jesús en sus discursos escatológicos, esta edad del fin de los tiempos será caracterizada por hambruna, guerras, rumores de guerra, calamidades, tribulaciones, terremotos, la persecución de sus seguidores y la evangelización de las naciones. Después vendrá el Hijo del hombre en las nubes para resucitar a los muertos y para iniciar el juicio final. Sucede que cada vez que escuchamos de un fuerte terremoto o alguna otra catástrofe se levantan predicadores y profetas autonombrados que anuncian el fin de todas las cosas dentro de pocos días. Es verdad que los terremotos, guerras y pestilencias son señales del fin que nos alertan a estar preparados para la segunda venida del Señor, pero las señales profetizadas por Jesús como en el caso de muchas profecías, se presentan en cada generación en esta última etapa de la historia. Las profecías de Jesús se cumplen en una serie de acontecimientos, todos ellos anticipaciones de la tribulación final. De igual manera, las Escrituras hablan a la vez de muchos anticristos que han salido al mundo y de un anticristo definitivo. Las profecías acerca del anticristo se cumplen en los falsos profetas y falsos cristos que han surgido a través de la historia pero tendrán su cumplimiento definitivo en el último anticristo. No se puede limitar el cumplimiento de todas las profecías a un solo acontecimiento. Los cumplimientos de las profecías pueden ser progresivos y acumulativos; pueden realizarse en un sólo evento o en una serie de eventos que se extienden a lo largo de la historia de la iglesia.

Otras profecías son condicionales. Sólo ocurren si se cumplen ciertas condiciones. Si Israel no se arrepiente habrá toda clase de calamidades, pero si lo hace, entonces no padecerán las aflicciones profetizadas. Se encuentra muchas profecías de este tipo en las últimas partes de los libros de Deuteronomio, Números y Levítico, por ejemplo Deuteronomio 31:29. Muchas de las profecías en el Antiguo Testamento tienen que ver con el establecimiento del reino de Dios en el futuro. La gran mayoría de los judíos en el tiempo de Cristo, interpretaban estas profecías acerca del reino en términos del establecimiento de una monarquía semejante a la que existía en los tiempos de David y Salomón. El gobernante de ese futuro reino sería un mesías conquistador al estilo de Judas Macabeo, quien limpiaría a Israel de toda influencia pagana, expulsando y exterminando a todos los extranjeros. Es por eso que Poncio Pilato le preguntó a Jesús: "¿Eres tú el rey de los judíos?" (Jn 18:33). Pero Jesús le responde al gobernador romano: "–Mi reino no es de este mundo... Si lo fuera, mis propios guardias pelearían para impedir que los judíos me arrestaran. Pero mi reino no es de este mundo" (Jn 18:36).

De acuerdo con las palabras de Jesús, el reino que él vino a traer no es una nueva teocracia terrenal o una monarquía como la que establecieron David o Salomón. El reino de Dios es Jesús mismo presente entre los hombres para perdonar, sanar, echar afuera demonios y transformar vidas. El reino de Dios es Jesús impar tiendo el Espíritu Santo, sus frutos y sus dones a los suyos. El reino de Dios no se establece por medio de un golpe de estado o una revolución violenta, sangrienta y vengativa como creían los zelotes, los discípulos de Jesús y el propio Juan el Bautista. Uno de los propósitos de Jesús al contar las siete parábolas del reino a los discípulos en Mateo 13 fue enseñarles cómo se establece el reino. Según la parábola del sembrador que hemos seguido en esta obra, el reino de Dios se establece por medio de la siembra de la semilla, por medio de la proclamación del evangelio. El reino de Dios se establece cuando el Espíritu Santo, a través de la Palabra, entra en la vida de los discípulos para producir una cosecha de fe, esperanza, amor, paz, paciencia, mansedumbre, bondad, alegría, bondad y dominio propio. El reino de Dios no crece por medio de intrigas, actos de sabotaje, fraudes electorales, o de un *Blitzkrieg* (guerra relámpago, en alemán), sino poco a poco, como la semilla de mostaza.

Las profecías del reino en el Antiguo Testamento, por lo tanto, no deben ser interpretadas literalmente como solían hacer los discípulos de Jesús. Un ejemplo lo observamos cuando antes de la ascensión le preguntaron: "–Señor, ¿es ahora cuando vas a restablecer el reino de Israel?" La respuesta de Jesús a tal interrogatorio fue la versión lucana de la gran comisión: "Cuando venga el Espíritu Santo sobre ustedes, recibirán poder y serán mis testigos tanto en Jerusalén como en toda Judea y Samaria, y hasta los confines de la tierra" (Hch 1:8). En otras palabras, el reino de Dios será establecido por medio del testimonio del Espíritu Santo proclamado por medio de los discípulos de Jesús. De acuerdo a esta manera de pensar, las profecías del reino en el Antiguo Testamento se cumplen en el ministerio de Jesús y en la iglesia y sus sacramentos. Los autores del Nuevo Testamento, la mayoría de los padres de la Iglesia Primitiva, y los reformadores han seguido este principio hermenéutico y han interpretado cristológicamente las profecías del reino en el Antiguo Testamento. Se desvía el intérprete si intenta entender las profecías del Antiguo Testamento sin referencia a Cristo como, por ejemplo, cuando se cree que todas las complicadas profecías en el libro de Daniel todavía tienen que cumplirse literalmente antes del fin del mundo, cuando en realidad ya se han cumplido en Cristo.

GENRE Y EL SENTIDO LITERAL DE LA PALABRA

Las profecías del reino y las visiones apocalípticas que encontramos en las Escrituras constituyen una clase especial de literatura. Los especialistas utilizan la palabra francesa *genre* para designar las diferentes clases de literatura que se encuentran en las Escrituras, a saber: narración, poesía, parábola, oráculos proféticos, relatos históricos, códigos legales, apocalíptica, proverbios. Es muy importante reconocer que se debe buscar interpretar cada *genre* según su naturaleza especial. La palabra apocalíptica tiene que ver con lo que está escondido, y se trata de visiones del futuro como las que se encuentran en Daniel, la última parte de Zacarías y el libro de Apocalipsis. Puesto que la intención del autor de estas visiones era esconder su significado de los enemigos del reino, éste utiliza muchos símbolos, imágenes y figuras sacadas del Antiguo Testamento y hasta de la mitología de los pueblos del Antiguo Medio Oriente como Egipto, Babilonia y Sumeria.

Nunca fue la intención del Espíritu Santo que tales pasajes fueran entendidos literalmente. La mujer revestida del sol y el gran dragón de color rojo en el capítulo doce de Apocalipsis son símbolos del pueblo de Dios y de Satanás y deben ser interpretados simbólicamente y no literalmente. Cuando Juan, en Apocalipsis 20:4, habla de un milenio, o sea un reino que dura mil años, a lo mejor, también está hablando figurativa o simbólicamente como afirmaba San Agustín. Han surgido grandes controversias en la iglesia sobre el tema del milenio y si se debe interpretar Apocalipsis 20:4 literal o simbólicamente. El principio de la interpretación bíblica para seguir en este tema, es interpretar el pasaje bajo consideración con lo que dicen los textos claros de la Escritura sobre el reino de Dios y el fin del mundo. Es sumamente peligroso establecer dogmas sobre un pasaje como Apocalipsis 20:4 que surge de un contexto cargado de un sin fin de imágenes y símbolos. Las enseñanzas autoritativas para la fe del pueblo de Dios deben ser establecidas en base a textos claros en el resto de la Escritura.

Por otro lado, cuando las Escrituras relatan las enseñanzas de Jesús o dan lo que los rabinos llamaban una *halakah*, o sea, una directriz moral o ética para ser seguida por el pueblo de Dios, tales textos deben ser interpretados de acuerdo con el sentido aceptado de las palabras en su uso normal. En torno a esta situación se creó una gran polémica en tiempos de la Reforma. Lutero, Calvino, Melanchton y los demás reformadores afirmaron categóricamente que, a menos que el mismo texto o la razón dictaran lo contrario, se establece como principio hermenéutico que se debe interpretar un texto bíblico según su sentido literal y que tal sentido sea lo que el autor del texto tenía pensado cuando lo escribió.[43] Tal principio hermenéutico fue dirigido en contra de la práctica de muchos autores de la Edad Media de encontrar en cada texto una interpretación literal y tres diferentes tipos de interpretación espiritual.

La búsqueda de una interpretación más profunda escondida por debajo de la superficie de un texto es algo que se remonta a los principios de la ciencia de la hermenéutica. Los primeros en desarrollar reglas y principios para la interpretación de textos sagrados no fueron los hebreos ni los miembros de la Iglesia Primitiva sino los griegos. Antes del tiempo de Cristo, los griegos desarrollaron técnicas para interpretar textos filosóficos y poéticos en sus escuelas de retórica y filosofía.[44] Los filósofos griegos como Sócrates y Platón llegaron a creer que las historias de las andanzas de los diferentes dioses en las obras de Homero, Hesiodo y otros autores antiguos no podían ser entendidos literalmente porque, según su filosofía, el Dios verdadero no puede ser como los seres humanos. No actúa, no piensa y no tiene sentimientos como los mortales. Un dios de puro espíritu no será capaz de contaminarse o humanizarse al tener contacto directo con los seres humanos. Por lo tanto, los relatos de un dios como Zeus teniendo relaciones sexuales con mortales no podrán ser interpretados literalmente. Es por ello que muchos relatos en las obras de Homero, Hesiodo, Virgilio y otros autores tenían que ser interpretados alegóricamente.[45] El filósofo Plotino (205-270 d.C.) decía que el viaje de regreso de Ulises simbolizaba el viaje del alma para regresar a su punto de origen. Zeus, en realidad, no es el Dios supremo sino un símbolo de la inteligencia. Los estoicos, siendo monoteístas, no podían admitir la existencia de las docenas de diferentes dioses en la mitología greco-romana. Para ellos, los diferentes dioses eran símbolos de las fuerzas naturales.

El más famoso filósofo judío de los tiempos del Nuevo Testamento fue Filón de Alejandría, un hombre que había estudiado profundamente los rollos sagrados del Antiguo Testamento y las obras de Platón y otros filósofos griegos. Entre su extensa producción literaria, Filón escribió comentarios sobre Génesis y Éxodo en los cuales, según la práctica de los griegos, eliminaba todo rastro de antropomorfismos y otros elementos ofensivos a las sensibilidades griegas. Los antropomorfismos son expresiones que presentan a Dios actuando como un ser humano o con características humanas: manos, ojos, o pies. Una expresión como "sentado a la diestra de Dios" hubiera sido ofensiva para los griegos.[46] En los comentarios de Filón muchos relatos del Antiguo Testamento son interpretados alegóricamente. No es el sentido literal lo que importa sino el sentido espiritual o el significado secreto, escondido debajo de la superficie del texto. El vulgo compuesto de personas sencillas lee solamente lo que dicen las palabras del texto, pero el sabio o gnóstico sabe penetrar hasta la estructura profunda para captar el mensaje en las palabras sagradas.

A partir del segundo siglo los maestros cristianos de Alejandría, donde la influencia de Filón fue más grande, comenzaron a interpretar alegóricamente las Escrituras del Antiguo y Nuevo Testamentos. Clemente de Alejandría, siguiendo los pasos de su maestro Panteno, de quien sabemos muy poco, mantuvo que las Escrituras tienen que ser interpretados en dos sentidos, uno claro y otro oscuro. Según Clemente, los misterios son reservados para los electos, los predestinados. Lo esotérico no es para todos porque los simples no son capaces de entender las alegorías.

El célebre discípulo de Clemente fue Orígenes de Alejandría quien llegó a ser el líder de la renombrada escuela catequística de Alejandría donde dedicó sus esfuerzos a evangelizar a los intelectuales de la gran ciudad y a debatir con los gnósticos y los rabinos judíos.[47] Orígenes fue el primer autor cristiano en escribir comentarios sobre el Antiguo Testamento. Sus investigaciones lo llevaron a estudiar todas las variantes del texto en un esfuerzo por establecer el texto original. Los principios hermenéuticos desarrollados por Orígenes se encuentran en su libro "*De Principiis*" en el que afirma que la divina palabra es Cristo mismo. El texto de la Biblia es como el cuerpo humano asumido por Cristo. La Biblia, entonces, es como un sobre o estuche en el cual se encuentra el *Logos*. Orígenes, así como Clemente, aseveraba que la Escritura tiene un sentido sencillo y otro más profundo, y que fue la intención del Espíritu Santo mismo esconder la interpretación más profunda de las personas indignas. Orígenes, citando a Mateo 7:6, decía que la interpretación espiritual no era para todos pues no se debe tirar las perlas a los cerdos. De acuerdo con el pensamiento de Orígenes, el significado literal del texto es como el velo que, según Pablo (2Co 3:13), cubría el rostro de Moisés. Detrás de ese velo o túnica se encuentra el significado espiritual. Para encontrar ese sentido espiritual el intérprete tiene que orar, ayunar y llevar una vida santa a fin de recibir del Espíritu Santo la interpretación espiritual.[48]

De acuerdo con el pensamiento de Orígenes, el Espíritu Santo puso un significado espiritual en cada texto de la Escritura, por lo tanto el intérprete tiene que conocer bien a fondo el significado literal del texto para poder sacar el sentido espiritual. Cada versículo en el texto sagrado tiene, entonces, un significado literal y un sentido espiritual así como Cristo tiene una naturaleza humana y una naturaleza divina. La naturaleza humana del texto es para los cristianos débiles y simples mientras que la naturaleza divina del texto es para los cristianos perfeccionados.[49] Es el creyente perfeccionado quien puede descubrir el sentido espiritual. Para el cristiano perfeccionado la Escritura es como una semilla que sigue produciendo fruto en proporción a la industria del agricultor o intérprete.[50] En realidad Orígenes hablaba de un sentido literal de la Escritura y de dos sentidos espirituales. Así como el ser humano, según Hebreos 4:12, tiene cuerpo, espíritu y alma, también se puede hablar del cuerpo, espíritu y alma de los textos bíblicos. El sentido literal es el cuerpo mientras que el sentido moral es el alma. Este sentido moral también se conoce como el sentido tropológico. El espíritu del hombre corresponde al sentido espiritual o anagógico que puede ser comprendido solamente por revelación del Espíritu Santo. Este sentido se llamaba anagógico porque su función, de acuerdo con el significado de la palabra en griego, era conducir al creyente a Cristo.

Orígenes y sus discípulos, como Dídimo el Ciego, eran antimilenarios, y atacaban las interpretaciones literales que otros daban a los símbolos, números e imágenes que se encuentran en el libro de Daniel y en el Apocalipsis y que eran utilizadas para determinar la fecha del fin del mundo. Pero en cuanto a los otros textos de la Escritura, Orígenes tomaba en serio tanto el sentido literal del texto como su contexto. Es por ello que Orígenes se esforzaba mucho al escudriñar todos los manuscritos disponibles en los idiomas originales. El gran alejandrino nunca buscaba el significado espiritual del texto sin antes determinar su significado literal. No fue así con otros comentaristas como San Hipólito de Roma, quien dedicaba tanto tiempo en buscar el sentido espiritual que olvidaba el sentido literal.

Un texto muy importante para personas como Hipólito fue 2 Corintios 3:6 en el que el apóstol Pablo declara: "Él nos ha capacitado para ser servidores de un nuevo pacto, no el de la letra sino el del Espíritu; porque la letra mata, pero el Espíritu da vida." Erróneamente se creía que cuando Pablo hablaba de la letra, estaba refiriéndose al sentido literal, y cuando hablaba del Espíritu que daba vida hacía referencia al sentido espiritual. Pocos se dieron cuenta, con San Agustín y Martín Lutero, que la letra que mata es la ley mientras que el Espíritu que da vida es el evangelio.

Cuando Orígenes hablaba de la interpretación espiritual de un texto, estaba pensando sobre todo en la enseñanza moral que daba el pasaje. La interpretación moral es la aplicación del texto a la vida diaria del cristiano. Todavía es muy común en grupos de estudio bíblico que el líder o facilitador pregunte a los integrantes de la clase: ¿Qué lección para su vida ha podido encontrar en este texto? Esto en sí no es malo, pero hay que tomar en cuenta que no todos los textos tienen necesariamente una aplicación para la vida espiritual. Una lista de los descendientes de Esaú difícilmente tendrá una lección espiritual que ayudará al creyente a ser fortalecido en el Espíritu Santo. Orígenes creía que todo texto tenía que contener una aplicación moral.

Para sacar una aplicación espiritual del texto, otros intérpretes buscaban una interpretación alegórica para los números, los animales, las plantas y los nombres que se encuentran en la Escritura. Por ejemplo, se preguntaba sobre el significado de las nueve monedas de plata que no se perdieron en la parábola de la moneda perdida en Lucas 15:8-10. Puesto que el autor conocido como Dionisio del Areópago[51] había escrito un libro en el cual se hablaba de la existencia de nueve clases de ángeles, se llegó a la conclusión que las nueve monedas que no se perdieron simbolizaban las nueve clases de ángeles celestiales, mientras que la moneda perdida representaba la humanidad perdida.[52]

La mayoría de los grandes intérpretes de la Escritura, como San Jerónimo y San Agustín, siguieron el ejemplo de Orígenes al hablar de tres clases de interpretación de los libros sagrados. Un cuarto sentido, el así llamado sentido místico, fue añadido a este esquema por Juan Cassian (360-435). Fue así que la Iglesia Romana llegó en gran parte a emplear una cuádruple interpretación de la Escritura que consistía en la interpretación literal más tres sentidos espirituales. De acuerdo con esta clasificación, los tres sentidos espirituales, la alegórica, la tropológica y la anagógica corresponden a las tres grandes virtudes teológicas, es decir, la fe, el amor, y la esperanza. El sentido alegórico corresponde a la fe porque nos enseña a creer mientras que el sentido tropológico corresponde al amor porque nos enseña lo que debemos hacer. Finalmente, el sentido anagógico corresponde a la esperanza porque apunta al futuro y sirve para despertar en nosotros la expectativa de las bendiciones celestiales. Según este esquema cuádruple o *quadriga*, Jerusalén, de acuerdo con el sentido literal, es una ciudad en Palestina pero alegóricamente representa a la iglesia. Desde el punto de vista tropológico es el alma del cristiano, y anagógicamente simboliza el centro de la nueva creación celestial.[53]

Entre las técnicas empleadas por los monjes para encontrar los sentidos espirituales de la Escritura se debe mencionar el método llamado *lectio divina* que aún hoy es empleado para estudiar la Biblia con detenimiento. El primer paso de este método es la preparación espiritual del lector por medio de la oración y a veces del ayuno. Se creía que solamente los monjes, por su espiritualidad y por su voto de castidad, estaban suficientemente perfeccionados para realizar esta preparación espiritual. Los laicos y miembros del clero secular eran despreciados por su falta de espiritualidad y considerados casi como paganos y judíos. El segundo paso es una postura de receptividad humilde antes de leer el texto. Esto es igual a la disposición de oír la voz del Espíritu Santo en el texto y de obedecerla. El tercer paso, es una lectura sumamente lenta del texto en que se presta mucha atención a cada detalle de la Palabra para no perder nada de su significado. El cuarto paso de la *lectio divina* requiere una apreciación profunda por la belleza de las imágenes y símbolos que proyecta el texto. Una apreciación por la poesía y la belleza del texto ayudará al lector a entender la armonía y la belleza de todo lo que ha hecho el Creador.[54]

El método de la cuádruple interpretación de la Escritura o *quadriga* fue fuertemente atacado por los reformadores del siglo 16. Para Lutero, y para los demás autores de los documentos en el *Libro de Concordia*, hay sólo una interpretación correcta y legítima para cada pasaje de la Escritura, y es el sentido que corresponde a la intención del Espíritu Santo y que deriva del significado natural de las palabras. Según los reformadores, las interpretaciones alegóricas, tropológicas, y anagógicas no constituyen significados adicionales, sino inferencias, ilustraciones o adaptaciones sacadas del único significado literal.[55] Los reformadores insistían en que el Espíritu Santo quiere ser entendido por los lectores de las páginas sagradas, por lo tanto no es su costumbre esconder significados secretos debajo de las palabras claras del texto. A menos que el mismo texto nos indique que el autor tenía en mente una interpretación múltiple se debe insistir en el principio *sensus literalis unus est*, o sea: el sentido literal es el único sentido. Podemos resumir este principio de la interpretación bíblica y añadirlo a nuestra lista de principios hermenéuticos de la siguiente forma:

PRINCIPIO V: *El sentido literal de la Palabra es a la vez el sentido espiritual.*

De acuerdo con este principio, los reformadores no podían permitir la utilización de interpretaciones alegóricas, tropológicas o anagógicas para establecer nuevos dogmas como lo ha hecho la Iglesia de Roma con la concepción inmaculada de la virgen María, la asunción de María, la infalibilidad del papa y la celebración de la Santa Cena bajo una sola especie, por ejemplo. Sobre todo, las confesiones luteranas protestaban en contra de aquellos que querían leer las palabras de la institución de la Santa Cena simbólicamente y no literalmente, al afirmar que el pan y vino son sólo un símbolo, mas no el cuerpo y la sangre de Cristo. En el Artículo VII: 92 de la Declaración Sólida de la Fórmula de Concordia se afirma categóricamente: "No queremos ni podemos ni debemos consentir en que ningún agudo pensamiento humano, por más peso y autoridad que aparente tener, nos aparte del sentido llano, explícito y claro de la palabra y testamento de Cristo y nos haga seguir una opinión extraña, distinta de las palabras de Jesús; sino que queremos entender y creer estas palabras tal como las oímos, con toda sencillez."

Aunque Lutero había empleado la regla cuádruple en sus primeros comentarios y glosas, el reformador llegó más tarde a atacar el método alegórico porque hacía del texto una nariz de cera que podía ser manipulada por el lector para asumir cualquier forma según los caprichos del intérprete. Para Lutero, la alegoría es admitida como un adorno de acuerdo con la analogía de la fe. Lutero, sin embargo, admite un significado más allá del sentido estrictamente literal. Los dogmáticos luteranos desarrollaron este concepto haciendo una distinción entre la forma externa e interna de la Palabra. La forma interna es su significado inspirado, lo que estaba en la mente del Espíritu Santo, mientras que la forma externa está constituida por la gramática y el significado de las palabras que se encuentran en el texto. El reconocido teólogo luterano del siglo 17, Quenstedt, afirmó que la forma externa de la Palabra puede ser entendida por cualquier incrédulo; sin embargo, la forma interna sólo puede ser entendida por la iluminación que otorga el Espíritu Santo.[56]

Al hablar de la disconformidad de los reformadores y confesores protestantes con los métodos alegóricos de la Iglesia Primitiva y de la Edad Media, se debe notar que existía una notable diferencia en el por qué se empleaban. Los filósofos griegos, los gnósticos y algunos intérpretes modernos emplearon la alegoría porque no estaban conformes con el sentido literal del texto. Le querían dar otro significado porque no podían aceptar lo que el texto decía. Los filósofos griegos no podían aceptar lo que decían los mitos griegos acerca de Zeus, la Artemisa, Dionisio y los demás dioses griegos porque para ellos no existía una pluralidad de dioses. Por lo tanto, se empleaba la alegoría para afirmar que los diferentes dioses representaban diferentes virtudes, vicios, o diferentes características o atributos de un sólo espíritu divino. Tal uso del método alegórico es en sí una rebelión o insurrección en contra del texto. Es un intento por suprimir la interpretación del autor del texto y reemplazarla con la interpretación del lector. Es un movimiento subversivo por medio del cual el intérprete busca dominar al texto en vez de ser dominado por la Palabra y su autor.

Intérpretes como Orígenes, San Agustín o Tomás de Aquino, en cambio, nunca buscaron suprimir el sentido literal del texto o dominarlo, sino encontrar en el sentido literal directrices o aplicaciones para su vida espiritual. Claro, el método en sí se presta para abusos como el siguiente: Durante la Edad Media se enseñaba que en la parábola del buen samaritano los ladrones simbolizaban los demonios que habían atacado la pobre humanidad dejándola herida y moribunda. Luego, se presenta el buen samaritano, o sea, Cristo, quien socorre al herido con los sacramentos y después lo lleva al mesón que no es otra cosa que la Santa Iglesia Apostólica y Romana. Después le paga al dueño del mesón los gastos del hombre herido. El mesonero, por supuesto, es su santidad, el papa romano, y el dinero que se le entrega representa las ofrendas, tributos y diezmos que debemos pagar a la santa iglesia. De esta manera, el sentido espiritual de la parábola resulta ser: es necesario entregar nuestra ofrendas al papa. Con interpretaciones alegóricas como ésta, se puede apreciar la reacción tan negativa de los reformadores en contra de los métodos alegóricos.

La mayoría de los autores católico-romanos modernos se desasocia de los abusos del método alegórico de la Edad Media. Sin embargo, siguen hablando de los tres sentidos por medio de los cuales se puede entender las Escrituras. El primer sentido es el sentido literal, o sea, la manera en que los recipientes originales del mensaje lo hubiesen entendido. La tarea de la exégesis es investigar y aclarar este sentido. El segundo sentido es el sentido espiritual, es decir, la manera en que el texto es aplicado a la vida de los fieles cuando se lee bajo la influencia del Espíritu Santo y como parte de una comunidad en la que el Espíritu está activo. Con frecuencia, este sentido espiritual es el mismo sentido literal del que insistían los reformadores. El tercer sentido es el sentido profundo o *sensus plenior*. Se define este sentido profundo como el significado del texto pensado por Dios pero no claramente expresado o pensado por el autor humano.[57] Puesto que el Espíritu Santo es el autor último de la palabra de Dios, no se puede limitar el significado de un texto a lo que entendió el autor humano cuando escribió. En Isaías 7:14 el profeta anunció que una virgen daría a luz un niño y que llamaría su nombre Emanuel. Esta profecía fue proclamada para dar una señal al rey Acaz, quien estaba profundamente preocupado por un ataque contra Jerusalén lanzado por Rezín el rey de Siria, y Pecaj, el rey de Israel. El nacimiento del niño Emanuel serviría como una señal del fracaso de la invasión. Se sobreentiende que un niño llamado Emanuel nació poco después de la profecía de Isaías. Probablemente este niño fue un hijo del propio rey Acaz o un hijo del profeta Isaías. Pero la profecía en Isaías tuvo otro cumplimiento cuando nació Jesús en días del rey Herodes, 700 años más tarde. Posiblemente, el propio Isaías no estaba completamente enterado de la dimensión de la profecía. Lo que pasó en la vida de Jesús arroja nueva luz sobre la vieja profecía e ilumina una faceta del texto que había quedado escondida. Pero en Jesucristo los secretos del reino de los cielos son revelados a los discípulos (Mt 13:11) y por su Espíritu de la verdad ellos son guiados a toda la verdad (Jn 16:13).[58] Esta manera de entender el *sensus plenior* no está muy lejos de la manera de pensar de muchos luteranos y otros protestantes, aunque ellos por antecedentes históricos prefieren utilizar términos como "otras dimensiones", "nuevas aplicaciones" o "extensiones de significado" del texto y no *sensus plenior*.[59]

PREGUNTAS PARA REFLEXIÓN

1. ¿En qué sentido fue el reposo que encontraron los hebreos en la tierra de Canaán solamente un reposo parcial?

2. ¿Qué significa el hecho de que Jesús realizó la mayoría de sus obras de sanidad en el día de reposo?

3. ¿En qué sentido fueron los sacrificios, ceremonias, y ritos del Antiguo Testamento sombras del porvenir?

4. ¿Qué se quiere decir al hablar del Antiguo Testamento como un libro incompleto?

5. Explique el significado del término "tipología".

6. ¿Cuál es la diferencia entre el término "tipo" y el término "antitipo?"

7. ¿De qué manera se puede abusar de la tipología?

8. ¿Qué regla establecieron los reformadores en cuanto al empleo de la tipología?

9. ¿Cuáles de las bendiciones que se piden para el rey ideal del Salmo 72 se cumplieron durante el reinado del rey Salomón? ¿Cuáles no?

10. ¿De qué manera se cumplió la profecía de Deuteronomio 18:15 en la larga sucesión de profetas bíblicos? ¿Cómo se cumplió esta profecía definitivamente?

11. ¿Qué se entiende con el cumplimiento progresivo de una profecía?

12. ¿Por qué comenzaron los filósofos griegos a interpretar alegóricamente muchos textos de autores como Homero y Hesíodo?

13. ¿Está usted de acuerdo con la regla que afirma que cada texto de la Escritura tiene un sentido sencillo y otro más profundo? ¿Por qué sí, o por qué no?

14. ¿En qué consiste la técnica conocida como "*lectio divina*"? ¿Cree usted que se pudiera emplear este método en el estudio de la Palabra en su congregación?

15. ¿Qué argumentos emplearon los reformadores al rechazar la cuádruple interpretación de las Escrituras utilizada por los eruditos de la Edad Media?

16. Explique la importancia del principio "*sensus literalis unos est*".

17. ¿En qué sentido se necesita una hermenéutica para poder sobrevivir en el mundo en el cual nos encontramos?

18. ¿Por qué son llamados apócrifos los libros que no fueron escogidos para formar parte del canon?

19. ¿Cuál fue la opinión de Martín Lutero y los demás reformadores en cuanto al uso de los libros deuterocanónicos?

20. ¿Qué nos indica el hecho de que Lutero y los reformadores no escribieron comentarios o tratados teológicos basados en los libros deuterocanónicos?

21. Explique en sus propias palabras lo que se entiende con la frase "*Claritas Scripturae*".

22. ¿Por qué decían los teólogos jesuitas que la lectura de la Escritura por los laicos era dañina para su fe?

23. ¿Cómo se defendieron los teólogos protestantes ante tal afirmación?

24. ¿Cuál, en su opinión, es "el ruido" que más funciona para distorsionar el mensaje de la palabra de Dios hoy en día?

25. ¿En qué sentido podemos afirmar que la palabra de Dios es un sacramento, o que funciona como un sacramento?

26. ¿Por qué no podemos aceptar todos los postulados de aquellos filósofos que buscan separar el texto de una obra literaria de su autor?

27. ¿Qué podemos aprender acerca del carácter de Dios al estudiar la parábola del sembrador?

CAPÍTULO CUATRO

LA INTERPRETACIÓN DEL CANTAR DE LOS CANTARES

Anteriormente hablamos de la importancia de establecer la forma literaria o *genre* del texto bíblico antes de intentar su interpretación. Algunos peritos en la materia como Paul Ricoeur creen que hasta debe existir una hermenéutica especial para cada *genre* de literatura bíblica. Uno de los libros más populares y más comentados, tanto por los rabinos judíos, los padres de la Iglesia Primitiva, como por los monjes de la Edad Media y por el reformador Marín Lutero, ha sido el Cantar de los Cantares. A primera vista, este libro es una serie de canciones de amor escritas para celebrar los amores entre el rey Salomón y una muchacha sulamita. Las alusiones sexuales y el lenguaje erótico utilizado en el Cantar de los Cantares para describir las caricias, besos y abrazos de los dos novios son bastante provocativos. Ésta es una de las razones que llevó a los rabinos a prohibir la lectura del Cantar de los Cantares a menores de 30 años.

Difícilmente los escribas y sabios que determinaron cuáles rollos debían incluirse en la colección de libros sagrados en el templo, escogerían el Cantar de los Cantares solamente basándose en una interpretación que siguiera el sentido literal de las palabras.

Sabemos que aún antes de Cristo el Cantar de los Cantares era leído no solamente como una colección de cantos de amor, sino también como una descripción del amor de Yahvé por su novia, el pueblo de Israel. Otros libros del Antiguo Testamento como Oseas y Ezequiel, suelen hablar de Israel como la novia o esposa de Yahvé, el cual es celebrado en el más grande y famoso de los *midrashim* (exposiciones de libros del Antiguo Testamento), el Cantar de los Cantares Rabbah. Es casi seguro que el Cantar de los Cantares llegó a formar parte de la colección de libros sagrados de los escribas y sabios porque su contenido fue interpretado desde una perspectiva alegórica o simbólica[60] y no sólo literal. Es posible que un autor, bajo la inspiración del Espíritu Santo, haya tomado una serie de cantos que celebraba el amor entre Salomón y la sulamita, y los adaptara y reciclara para que sirvieran como una descripción del amor divino,[61] así como algunos de los salmistas adaptaron y reciclaron antiguos himnos egipcios y cananeos para rendir culto a Yahvé, el único Dios verdadero. De acuerdo con esta teoría, fue la intención del autor del libro en su forma final que los cantos del Cantar de los Cantares fueran interpretados como un símbolo del amor de Yahvé hacia Israel. Esto quiere decir, que en el caso del *genre* al cual pertenece el rollo del Cantar de los Cantares, fue la intención del Espíritu Santo que el libro fuera leído simbólicamente.

Es muy probable que la Iglesia Primitiva no haya tenido dificultades para incluir el libro del Cantar de los Cantares en su canon de libros sagrados porque desde un principio la iglesia entendió el libro de acuerdo con Efesios 5, donde Pablo habla del misterio profundo que es la unión de Cristo y su novia, la iglesia, en un solo cuerpo. Los ascetas, monjes, y proponentes del celibato en la Iglesia Primitiva, nunca hubieran aceptado el Cantar de los Cantares en el canon de la iglesia si sólo se lo interpretaba como una celebración del amor erótico entre un hombre y una mujer. Desde el tiempo de Hipólito de Roma (200 d.C.) hasta los días de Lutero, 64 autores cristianos escribieron comentarios sobre el Cantar de los Cantares. El único de estos autores que interpretó el Cantar de los Cantares netamente como una celebración del amor matrimonial fue Teodoro de Mopsuestia, enemigo declarado de las interpretaciones alegóricas. Casi todos los otros comentaristas encontraron en el Cantar de los Cantares una alegoría que hablaba del amor de Cristo hacia su iglesia.

Para Bernardo de Clairvaux, quien escribió 86 sermones sobre los primeros 3 capítulos del Cantar de los Cantares, los besos que da el novio a la novia en 1:2 representan el Espíritu Santo que sopló Cristo sobre sus discípulos en Juan 20:22.[62] De acuerdo con el comentario de Martín Lutero sobre el Cantar de los Cantares, los mismos besos son los favores y bendiciones que Dios da a los gobernantes como Salomón para ayudarles a cuidar al pueblo de Dios.[63] Según el Cantar de los Cantares Rabbah, los mismos besos son símbolo de todas las intervenciones de Yahvé a favor de su pueblo en el

Antiguo Testamento.[64] Para otros, la celebración del banquete nupcial en el Cantar de los Cantares es interpretada tipológicamente. El antitipo de este banquete nupcial será la gran fiesta de bodas entre el Cordero y su novia, relatada en el libro del Apocalipsis.[65]

A diferencia de los escritores de la Edad Media, los comentaristas modernos se esfuerzan en realizar una interpretación literal del Cantar de los Cantares. Tal interpretación es presentada como un antídoto a las tendencias ascéticas de cristianos que han despreciado el matrimonio, las fiestas, y el sexo, y han afirmado que el celibato constituye la expresión suprema de la clase de vida que Dios quiere para su pueblo. Sin lugar a duda, el texto del Cantar de los Cantares nos enseña que el amor entre un hombre y una mujer es una gran bendición de Dios que debe ser celebrada y no despreciada, pero a lo mejor, no es la razón principal que llevó al autor sagrado a escribir el libro. No había necesidad de hacerlo. En los días del rey Salomón y los siglos subsiguientes nadie dudaba que el matrimonio fuera la voluntad de Dios para sus hijos. Los levitas y los sacerdotes de los tiempos del Antiguo Testamento eran casi todos casados. Nadie estaba abogando a favor del monacato o el celibato.[66] El monastecismo y el celibato son instituciones que el cristianismo tomó prestado del budismo muchos siglos después. Es totalmente legítimo utilizar el texto del Cantar de los Cantares para afirmar la santidad del matrimonio y para celebrar el sexo como una de las bendiciones que el Creador ha dado a sus criaturas, pero es de dudar que ésa fuera la razón principal del libro. Es de dudar también que ésta fuera la razón principal que llevó a la iglesia a aceptar el libro del Cantar de los Cantares en el canon. Lo que se quiere enfatizar aquí es que en el Cantar de los Cantares estamos frente a otra forma literaria distinta y que cada una de esas formas en las Escrituras tiene que ser interpretada de acuerdo con su *genre*.

LA INTERPRETACIÓN DE LAS PARÁBOLAS

Las parábolas constituyen una de las formas literarias más discutidas en las Escrituras. En la Edad Media y en el tiempo de la Iglesia Primitiva las parábolas fueron interpretadas alegóricamente, o sea que detrás de cada elemento en la parábola se buscaba un significado especial. Al estudiar la parábola del buen samaritano, el intérprete no sólo debía contestar la pregunta: ¿quién es mi prójimo? sino también determinar lo que significaban los asaltantes, el viajero, el sacerdote, el levita, el aceite, el mesón, el mesonero, el samaritano, las dos monedas, la cabalgadura del samaritano, Jericó y Jerusalén. Al comienzo del siglo 20, el erudito alemán Jülicher escribió un célebre libro sobre las parábolas de Jesús en el cual afirma que aunque haya múltiples significados en una alegoría, se admite en una parábola un solo punto de comparación. Al interpretar las parábolas del Nuevo Testamento, según Jülicher y sus seguidores, C. H. Dodd y Joachim Jeremias, la tarea del investigador consiste en encontrar la única enseñanza principal que lleva el texto.

Investigaciones más recientes en la naturaleza de las parábolas han señalado que en las parábolas de Jesús, en las del Antiguo Testamento, y en la literatura rabínica, la distinción entre lo que es una alegoría, una parábola, una adivinanza, o un misterio no es tan nítida como en las definiciones establecidas por Aristóteles y otros autores clásicos. A pesar de las investigaciones de Jülicher, hay elementos alegóricos en muchas de las parábolas y muchas de ellas presentan más que una sola enseñanza principal.[67] Sin entrar en el sinfín de teorías en cuanto a cómo interpretar mejor una parábola, sugerimos que el investigador haga cinco preguntas claves al texto en estudio. Seguidamente, enumeraremos estas preguntas y trataremos de ver qué resultados obtendremos al analizar la parábola del sembrador.

Primera pregunta: ¿Qué dice esta parábola acerca del ser humano? En otras palabras, ¿dónde estoy yo en esta parábola? ¿Con qué o con quién me identifico? En la parábola del sembrador yo soy la tierra en la cual cayó la buena semilla. Yo soy un terreno y mi propósito en la vida es producir fruto. Dios no me ha puesto en la vida para pasar el tiempo durmiendo, jugando, o haciendo nada. Gálatas 5:22 habla de la clase de fruto que debemos producir: amor, alegría, paz, paciencia, amabilidad, bondad, fidelidad, humildad, dominio propio. Producir fruto para Dios no es fácil. Hay muchas dificultades. Jesús habla de aves satánicas, zarzas, espinas y el sol de la persecución. Producir fruto es imposible para el ser humano a menos que la semilla del evangelio sea sembrada en su vida.

El lugar en el cual me encuentro en la lectura de una parábola determinará en gran parte mi interpretación de ella y el efecto en mi vida. Al escuchar la parábola del buen samaritano, algunos oyentes se identificarán con el hombre que fue atacado por los ladrones. Muchas personas en los países oprimidos de América Latina se sienten víctimas, oprimidos o atropellados. Sus propias vivencias los llevarán a identificar a los atracadores con políticos corruptos, jueces veniales, militares brutales, o con un sistema de capitalismo salvaje. Otros lectores se identificarán más bien con el sacerdote y el levita. La parábola obrará para condenarles por su indiferencia y apatía ante el sufrimiento de otros. Los que han sufrido discriminación racial fácilmente se identificarán con el samaritano, pues los samaritanos vivían entre los judíos como una minoría despreciada por ser considerados mestizos. La parábola impactará a algunos lectores que la sienten como la palabra acusadora. Para otros, el texto de la parábola les traerá un mensaje evangélico. Al escuchar la parábola, exclamarán: "Jesús es mi buen samaritano que me ha recogido y me ha sanado de mis males. Me ha conducido a un lugar de refugio."

Cada oyente y lector trae al texto su propio contexto, su propia historia, su propia situación existencial; y este contexto, en gran parte, determinará el impacto o la aplicación que tendrá la parábola en su vida. Esto no necesariamente quiere decir, como afirman algunos eruditos, que es el lector y no el autor del texto quien determina el significado o los significados del texto. Lo que sí implica es que ha sido parte de la estrategia del autor del texto permitir que el lector entre en el texto para ser impactado por el Espíritu Santo de acuerdo con sus necesidades particulares. Es la intención del autor que el lector u oyente se vea a sí mismo en la parábola y desde esta perspectiva de participante, y no simplemente de observador, oiga el mensaje de la ley, o del evangelio, o de ambos. De esta manera, el Espíritu Santo, por medio de la parábola, provee un espacio en el cual el oyente puede encontrarse con Dios y entrar en diálogo con él.

Segunda pregunta: ¿Qué dice esta parábola acerca de Dios, el Padre? Uno de los problemas más grandes de las personas es que tienen un concepto equivocado de Dios. Muchos creen que Dios no se preocupa por ellos, o que está muy lejos, o que es su enemigo. Buscan, por lo tanto, la ayuda de otros espíritus u otros poderes. Como ya hemos mencionado en nuestra discusión anterior, la parábola del sembrador nos presenta a un Dios que quiere estar en comunión con nosotros. Es por esto que habla, sale, y siembra la semilla. El Padre es el sembrador.

Tercera pregunta: ¿Dónde está el elemento sorpresivo, revolucionario, inesperado en este texto? En la mayoría de sus parábolas Jesús dice algo que podía ser chocante para los que la escuchaban por primera vez. Hay un elemento subversivo en las parábolas y ese elemento es la clave de su interpretación. Lo que sucede es que hemos escuchado las parábolas tantas veces que quedamos ciegos frente al elemento que impactó a sus oyentes originales.

En la parábola del hijo pródigo el elemento sorpresivo o revolucionario es el hecho de que el padre del pródigo no obra con su hijo de acuerdo a cómo él se lo merece, y como hubiera hecho cualquier padre palestino. Uno puede imaginarse lo que decían o pensaban los campesinos galileos al escuchar la parábola por primera vez: "Ahora viene la parte buena, el hijo desvergonzado se acerca a su padre. ¡Qué paliza le espera! El padre pronunciará sobre su hijo desagradecido la más terrible de las maldiciones y le echará fuera de su presencia para siempre. ¡Bien hecho! Yo haría lo mismo." Pero aquí viene la sorpresa. El padre no acepta la oferta del hijo de convertirse en jornalero para devolverle el dinero perdido, sino que busca el mejor vestido, un anillo, sandalias, y el becerro más gordo para celebrar su regreso. El elemento tan revolucionario y subversivo en la parábola del hijo pródigo se llama gracia.

En la historia de Natán y David en 2 Samuel 12 encontramos la conocida parábola que el profeta Natán, bajo la inspiración del Espíritu Santo relató al rey David después de su adulterio con la esposa de Urías el hitita. Un estudio de este texto nos ayudará a entender algunas de las posibles funciones de las parábolas.

Se evita una confrontación directa con David. Se presenta el problema indirectamente. La parábola funciona tanto a nivel intelectual o cognitivo para informar o comunicar información, como a nivel emotivo para despertar emociones como simpatía, indignación, ira o remordimiento.

La parábola provoca a David, lo obliga a actuar y a no ser solamente un oidor de la Palabra. Sirve para destruir la actitud anterior de David, su mal uso del poder y del privilegio. El elemento sorpresivo es: "¡Tú eres el hombre!" Se efectúa un cambio en David.

También hay un elemento sorpresivo en la parábola del sembrador, pues, como ya hemos comentado, el sembrador hace algo que ningún campesino galileo hubiera hecho: echa su preciosa semilla no solamente en la tierra buena sino por todas partes, por el camino, por los pedregales, por las zarzas y espinas, así como el Padre, por medio de su Hijo, llevó el mensaje de reconciliación, perdón, y paz a todos. La prioridad del sembrador no es hacer una ganancia, sino estar dispuesto a perder todo a fin de que todos tengan la oportunidad de ser salvos. No ha venido solamente para salvar a los justos sino también a ofrecer las buenas nuevas a pecadores, publicanos y prostitutas, samaritanos y gentiles.

Cuarta pregunta: ¿Qué dice esta parábola acerca del reino de Dios? Ya hemos tratado este punto en la sección anterior. Hoy, como en el tiempo de Jesús, hay mucha confusión acerca de lo que es el reino de Dios y cómo se establece. Cada una de las siete parábolas en Mateo 13 trata del reino de Dios. Aquí, en la parábola del sembrador, se enseña que el reino no se establece por medio de revoluciones, guerras, golpes de estado o campañas publicitarias, sino por medio de la proclamación del evangelio, del sembrar la semilla.

Quinta pregunta: La pregunta más importante es de índole cristológica: "¿Dónde está Cristo en esta parábola? ¿Dónde está su cruz? No es siempre fácil encontrar a Cristo y a su cruz en las parábolas; sin embargo, Cristo y su cruz son la presuposición de todas las parábolas. En la parábola del hijo pródigo Jesús es el camino por el cual el hijo puede regresar a la casa de su padre. Si no hubiera sido por la cruz de Cristo, el pródigo hubiera tenido que pasar toda su vida en la tierra lejana. Solamente en Cristo podemos acercarnos al Padre y ser aceptados.

¿Dónde está Jesús en la parábola del sembrador? En Juan 12:24 él mismo nos da la clave: "Ciertamente les aseguro que si el grano de trigo no cae en tierra y muere, se queda solo. Pero si muere, produce mucho fruto." La semilla que siembra el sembrador no es solamente la palabra oral o la palabra escrita, no es solamente un rollo guardado en el templo o en una sinagoga. La semilla es también la Palabra hecha carne. La Palabra es Cristo mismo, Cristo crucificado, Cristo sembrado en la tierra en la tumba de José de Arimatea. Jesús es la semilla que muere a fin de producir mucho fruto, y este fruto es nuestra salvación, el perdón, nuestra comunión con el Padre, nuestra vida abundante. Cristo mismo es la buena nueva, el evangelio en persona.

Las cinco preguntas dadas aquí también pueden ser utilizadas con provecho en la interpretación de otra forma literaria o *genre* que encontramos en la Biblia: el milagro. En muchas instancias los milagros obran en el oyente o lector de una manera semejante a la parábola. Los milagros nos hablan de nosotros mismos, de quién es Dios el Padre, de quién es Cristo y qué es el reino de Dios. Además, en los milagros de Jesús hay un elemento revolucionario, subversivo y sorpresivo. Concluimos esta sección postulando el principio hermenéutico tratado en la últimas páginas:

PRINCIPIO VI: *Antes de comenzar a interpretar un texto bíblico, se debe determinar la forma literaria del texto e interpretarlo de acuerdo con su* genre.

LA CLARIDAD DE LA PALABRA SEMBRADA
EL QUE TIENE OÍDOS PARA OÍR, QUE OIGA

Una de las premisas básicas de Mateo al relatar la parábola del sembrador y de Pablo al escribir sobre la necesidad de proclamar el mensaje de salvación a todo el mundo es que tal proclamación esté clara y pueda ser entendida adecuadamente. No debe ser un mensaje oculto, críptico, esotérico que puede ser entendido solamente por un reducido grupo de sabios o por un círculo pequeño de gnósticos. Jesús, al relatar la parábola del sembrador, quiere que todos sean capaces de entender el mensaje del reino de Dios. Al proclamar "el que tiene oídos, que oiga", Jesús no se dirige a una academia de rabinos o doctores de la ley sino a la gente común, los campesinos y artesanos de Galilea, la *am-ha-eretz*, o sea el vulgo, tan despreciado por los escribas y los fariseos.

En su proclamación de la parábola del sembrador en Mateo 13, Jesús enfatiza especialmente en la necesidad de escuchar con suma atención el mensaje del evangelio. "El que tenga oídos, que oiga", dice el Señor al terminar su relato. Al comenzar su interpretación de la misma parábola Jesús dice: "Escuchen lo que significa la parábola del sembrador." Estas advertencias del Señor indican que los receptores del mensaje pueden captar lo que se les proclama. Son capaces de entender el mensaje y aplicarlo a sus vidas. Aún para campesinos palestinos sin estudios, el mensaje no es demasiado difícil de entender, aunque en el versículo 13 Jesús reconoce que muchos no escuchan ni entienden. El Nuevo Testamento nos habla en repetidas ocasiones de Jesús anunciando el mensaje del reino en términos claros y no en un lenguaje secreto que sólo puede ser descifrado por un erudito o gnóstico que haya aprendido la clave para entender mensajes ocultos. El contenido del evangelio es un mensaje para todo el mundo y no solamente para un círculo cerrado de conocedores. Las doctrinas de los masones y rosacruces no son para las masas ignorantes, el vulgo o la gentuza, sino para un círculo selecto de elegidos. El evangelio del reino, en cambio, debe ser proclamado a todas las naciones. En Juan 7:49 vemos los jefes de los sacerdotes quejándose de que los seguidores de Jesús son mayormente miembros de las clases populares que nunca han recibido las enseñanzas de los rabinos.

Lo que afirma el pueblo de Dios aquí es que la palabra de Dios es clara, su mensaje puede ser entendido. Dios el Espíritu Santo no puede impactar y transformar las vidas de los oyentes del evangelio sino a través de un mensaje claro y entendible. El concepto "la claridad de las Escrituras" llegó a ser el centro de una gran controversia entre el humanista Erasmo y el reformador Martín Lutero entre los años 1525 y 1526. Erasmo había atacado el proyecto de Lutero de traducir la Biblia y ponerla en manos de los laicos, especialmente de los miembros de las clases populares. Erasmo estaba convencido de que hay tantas cosas inciertas y oscuras en la Biblia que sería imposible para los cristianos llegar a conclusiones concretas en cuanto a la reforma de la doctrina y práctica de la iglesia sin recurrir al magisterio de la iglesia, las decisiones de los concilios y los papas, los escritos de los padres de la iglesia, y las tradiciones de la misma.

Lutero dio su respuesta a las preocupaciones de Erasmo en su libro sobre la voluntad determinada, *De servo arbitrio.* En esta obra el reformador enfatiza que aunque hay en la Biblia textos oscuros y difíciles de entender, ella es clara en cuanto a todo lo que el cristiano necesita conocer para su salvación y para llevar una vida piadosa. De acuerdo con Lutero y el testimonio de la Palabra misma, las Escrituras son claras y entendibles siempre que nos acerquemos a ellas con humildad, reverencia, y temor a Dios.

Si los seres humanos encuentran la Palabra demasiado difícil y oscura, la culpa, según Lutero, no la tiene la Palabra, sino la ignorancia y pecaminosidad del hombre. Lutero reconoce que en las Escrituras hay muchos pasajes oscuros y abstrusos, no por lo excesivamente elevado de los temas tratados, sino por nuestra ignorancia en materia de vocabulario y gramática. Pero aun estos pasajes no impiden nuestro entendimiento de los más grandes misterios: Cristo el Hijo de Dios fue hecho hombre para nuestra salvación, Dios es trino y uno, Cristo padeció en bien de nosotros pero resucitó de entre los muertos y reinará para siempre. Lo que parece ser oscuro en una parte de la Biblia es claro en otra parte. La Escritura no es oscura para el creyente porque Dios le ha dado su Espíritu Santo (Lc 24:45).[68]

Pero en muchas instancias el hombre encuentra la Palabra oscura, según Lutero, porque no quiere entenderla. Al comentar Proverbios 18:2, el reformador señala que el necio no escucha a menos que se le diga lo que ya tiene decidido en su corazón. El necio está preocupado por sus propios sentimientos y su propia sabiduría. Su corazón se ha enceguecido por sus propios sentimientos y emociones.[69] El necio no quiere cambiar ni ser cambiado, por lo tanto busca tergiversar lo que Dios le dice en su Palabra. Desea seguir en su pecado sin arrepentirse. Sus ojos han sido cegados por el padre de las mentiras. El corazón humano no regenerado no quiere aceptar lo que Dios nos dice. Así surge la tentación de dar un nuevo significado al texto como una manera de esquivar el llamado y la demanda del Señor.[70]

Lutero enfatiza que el Espíritu Santo resiste a los orgullosos y soberbios, a los que se ponen por encima de la Escritura y buscan sujetarla a la razón humana, leyéndola y juzgándola de acuerdo con sus propios criterios. El lector de la Palabra, en cambio, debe ponerse por debajo de las Escrituras clamando: "Enséñame, enséñame." El intérprete cristiano no ha sido llamado para juzgar la Escritura sino para ser juzgado por ella. Al mismo tiempo que estoy leyendo la Biblia, me doy cuenta de que este libro me está leyendo a mí. En consonancia con los grandes teólogos de la Iglesia Oriental, Lutero enfatizó que es necesario prepararse espiritualmente antes de interpretar y enseñar las Escrituras.

Esta preparación espiritual de parte del que se propone estudiar e interpretar las Escrituras debe incluir no solamente el ayuno, la meditación y la oración sino también la confesión de los pecados y la absolución. Lectores y oyentes mal interpretan mensajes y textos porque son pecadores que llevan dentro de sus mentes y corazones la capacidad y tendencia a distorsionar la Escritura y a utilizarla para justificar sus prácticas pecaminosas tanto individuales como colectivas. El intérprete, por ser un ser caído por naturaleza, se opone a su Creador, a su voluntad y a la transformación que el Espíritu Santo quiere llevar a cabo en él a través de la lectura de la Escritura. Nuestra vieja naturaleza pecaminosa busca la manera de dominar y domesticar la Palabra y no de ser dominada por ella. Es bien sabido cómo los traficantes de esclavos utilizaron textos como Génesis 9:24-25 para justificar su diabólica empresa. El mismo texto fue empleado por el gobierno de África del Sur para justificar su política de *apartheid*, –la separación de las razas–. Recordamos con lágrimas y pena en el corazón el hecho de que los conquistadores utilizaron la historia de la conquista de Canaán en el libro de Josué para justificar su conquista y destrucción de miles de pueblos indígenas en las Américas. La historia de la interpretación bíblica nos muestra una y otra vez la capacidad que tiene el ser humano de distorsionar la palabra de Dios.

Tomando en cuenta nuestra tendencia de leer los textos para justificar nuestros prejuicios, nuestros intereses y nuestras prácticas pecaminosas, necesitamos incluir la confesión de pecados como una parte de nuestra preparación para interpretar la Escritura. Los que no reconocen sus pecados no pueden entender las palabras de Jesús y ponerlas en práctica. Jesús, en Lucas 11:34-36, nos dice que los ojos son la lámpara del cuerpo. Los que tienen la visión clara pueden disfrutar de la luz, pero los que la tienen nublada están en la oscuridad. El contexto de estas palabras de Jesús nos indica que nuestra visión es clara cuando estamos enfocados en Jesús. El joven rico en Mateo 19:16-23 no pudo entender bien las palabras de Jesús ni ponerlas en práctica porque no quería reconocer su pecado y porque estaba enfocado en sus muchas riquezas. Si no vemos lo que el Espíritu Santo nos está indicando en las Escrituras, si no reconocemos en Jesús una sabiduría más grande que la de Salomón o una proclamación profética más grande que la de Jonás, la culpa es nuestra porque no hemos mantenido sanos nuestros ojos. Esto nos lleva a postular uno de los principios hermenéuticos más importantes de la Reforma:

PRINCIPIO VII: *Antes de interpretar la Escritura el intérprete necesita sujetarse a la autoridad de la Palabra.*

Este principio implica que nosotros no somos llamados a juzgar la Palabra sobre la base de nuestra razón, sino a sujetar nuestra razón a la luz de la Escritura. No debemos preguntar si lo que hace y dice Dios es aceptable según nuestros criterios de lo que Dios debe hacer y decir.[71] La vida del intérprete, más bien, es una vida de continuo arrepentimiento. El intérprete es llamado a negarse a sí mismo y a seguir a Cristo. Su vida es una vida en Cristo y en el Espíritu. El intérprete no puede ni debe ser neutral ante lo que proclama Dios en su Palabra, más bien debe poseer un corazón ardiente. Debe estar dispuesto a ser despreciado y burlado. El intérprete imita a los apóstoles al sujetarse a la Palabra, al ser siervos y no amos de la Palabra.[72]

El concepto de *Claritas Scripturae* no quiere decir que uno puede leer la Biblia sin discernimiento e inmediatamente aplicar lo que ha leído a las circunstancias de su propia vida y tiempo sin primero preguntar: "¿Con quién está hablando el Espíritu Santo aquí? ¿Es aplicable este texto a mi tiempo?" En el siglo 4 San Juan Crisóstomo observó que es de suma importancia fijarnos en el propósito del autor del texto que estamos interpretando. Hay que preguntarse si el autor está hablando en general o dentro de un contexto específico. Los muchos textos en el Antiguo Testamento que ordenan toda clase de sacrificios y holocaustos no fueron escritos para los creyentes que forman parte de la santa iglesia cristina sino para el pueblo de Israel en los días antes de la venida de Cristo.

Con su muerte en la cruz, Cristo se ofreció a sí mismo una vez y para siempre como el supremo sacrificio por los pecados de los seres humanos. Por medio del sacrificio de Jesucristo los que han sido bautizados en su nombre han sido purificados de todo pecado e impureza. Insistir en la necesidad de cumplir con los sacrificios, ritos y ceremonias ordenados en el Antiguo Testamento no toma en cuenta el hecho de que tales textos no son dirigidos a nosotros y, por lo tanto, no son aplicables a nuestra situación.[73]

En los tiempos de la Reforma, entusiastas radicales como Tomás Münzer tomaron las palabras de Dios a Elías "¡Agarren a los profetas de Baal! ¡Que no escape ninguno!" (1 Reyes 18:40) como un mandato a usar la espada para dar muerte a los miembros del clero católico de Alemania. En su intento equivocado de poner en práctica lo escrito en las Escrituras los entusiastas radicales no se dieron cuenta de que las palabras de 1 Reyes 18:40 estaban dirigidas a Elías y no a ellos. Pasajes de la Biblia que se relacionan con la teocracia de Israel en el Antiguo Testamento no pueden ser transferidos tan directamente a gobiernos no-judíos de los siglos 16 ó 21. En el mismo siglo 16 los conquistadores españoles justificaron la destrucción de los pueblos indígenas de México alegando que eran el nuevo pueblo escogido de Dios. Así como Josué y los israelitas recibieron el mandato de acabar con los cananeos en Palestina, ellos también contaban con el mandato divino de llevar a cabo su cruel conquista. El reformador Felipe Melanchton enfatizó en su *Loci Comunes* que cuando se acabó la teocracia en Israel también se acabaron todas las leyes ceremoniales y civiles asociadas con tal teocracia así como profetizaron los profetas y como declara Hechos 15.[74]

El concepto de *Claritas Scripturae* en la reforma protestante tampoco quiere decir que no sea necesario preparar a predicadores y maestros académicamente para proclamar públicamente la palabra de Dios. La importancia de la palabra de Dios como la única fuente de doctrina y práctica hace necesario que los pastores y maestros estén bien preparados para enseñar las Escrituras. Tal preparación incluye el estudio de las lenguas bíblicas, la geografía, la historia, y las costumbres de los pueblos bíblicos, la retórica y los escritos de los Padres de la iglesia. Los reformadores del siglo 16 atribuyeron muchas interpretaciones erróneas de la Escritura a la ignorancia de los que se hacían pasar por eruditos. Si Dios nos habla por medio del lenguaje humano, especialmente el hebreo del Antiguo Testamento y el griego del Nuevo Testamento, los estudiantes de la Escritura tienen que ser preparados adecuadamente para leer lo que dice la palabra de Dios. Con tal fin Lutero luchó para efectuar una reforma profunda de la educación en Alemania. En su tratado *A la nobleza cristiana* Lutero habla de la necesidad de una educación universitaria pública a fin de otorgar a pastores y maestros una educación pastoral de alto nivel.

Al declarar el principio de *Claritas Scripturae* los reformadores no querían decir que no haya partes difíciles de entender en las Escrituras. En 2 Pedro 3:16 se afirma que en algunas de las cartas de

Pablo hay "puntos difíciles de entender, que los ignorantes e inconstantes tergiversan, como lo hacen también con las demás Escrituras para su propia perdición". Se reconoce que un texto bíblico puede sufrir una transformación cuando es malentendido por el lector. Fácilmente un lector, consciente o inconscientemente, puede transformar el texto en un instrumento para confirmar sus propios prejuicios y creencias e imponer estas creencias a otros en nombre del texto.[75] Los textos bíblicos pueden ser domesticados y perder su poder para desenmascarar las pretensiones del lector cuando son leídos descuidada o maliciosamente.

Los reformadores afirmaron que todas las doctrinas necesarias para la salvación están claramente presentadas.[76] Aunque la encarnación de Cristo, el nacimiento virginal, la resurrección de los muertos, y la justificación por la fe son grandes misterios, son tan claramente revelados en la Biblia que no necesitan ser interpretados por el papa o por los doctores de la iglesia para ser entendidos por la gran masa de los cristianos. Esto es precisamente lo que negaron los teólogos jesuitas de los siglos 17 y 18. El renombrado teólogo católico romano Bellarmino afirmó que la Escritura es oscura porque contiene muchos misterios que sobrepasan el entendimiento humano. Algunos jesuitas como Bellarmino, Tomás Stapleton y Tomás Harding sostuvieron que la lectura de la Biblia era dañina a la fe y a la moral. Bellarmino[77] afirmó además que surgirían toda clase de herejías si se les permitiera a los laicos leer la Biblia. Esto explica por qué la Iglesia Romana por tantos siglos le negó a los laicos el derecho a leer la Biblia. Una de las prioridades de los misioneros protestantes ha sido poner la palabra de Dios en manos del pueblo en su propio idioma tan pronto como fuera posible, mientras la prioridad de los jesuitas ha sido enseñar el Catecismo Romano, es decir, la interpretación que le da la iglesia tanto a las enseñanzas de la Biblia como a la tradición.

Los luteranos, en cambio, concluyeron que la Escritura fue escrita para ser leída, estudiada, y meditada por todo el mundo (Dt 6:6, Is 34:16, Jn 5:39). Las Escrituras son dirigidas a todos los creyentes, no solamente a los ministros (1 Juan 2:12-13).[78] El teólogo luterano del siglo 17, Quenstedt, enfatizó que las ovejas tienen el derecho de examinar y revisar lo que predica y enseña su pastor públicamente. Indignado, el jesuita Bellarmino respondió que las ovejas brutas e ignorantes jamás tienen derecho a juzgar a su pastor. Quenstedt tuvo que recordarle a Bellarmino que, según Hechos 17:11, los miembros de la sinagoga en Berea fueron considerados más nobles que los de Tesalónica porque "todos los días examinaban las Escrituras para ver si era verdad lo que se les anunciaba". Si las ovejas son brutas e ignorantes es porque nunca se les ha permitido leer y estudiar las Escrituras. Las ovejas que estudian las Escrituras pueden aprender a distinguir entre un pastor verdadero y un lobo.

Los argumentos a favor de *Claritas Scripturae* de los teólogos luteranos fueron dirigidos no solamente en contra de los jesuitas, sino también en contra de los Socinianos, que afirmaron que Jesús y sus apóstoles escribieron ambiguamente a propósito. Socino declaró que Dios deliberadamente hizo oscura una gran parte de la Biblia, por lo tanto, hay que rechazar todo texto bíblico que no concuerda con la razón humana.

En la ciencia de las comunicaciones los peritos en la materia suelen hablar de "ruido". Literalmente, ruido podría ser el llanto fuerte de un trío de bebés durante el sermón en el oficio dominical de la iglesia. Este llanto o ruido podría distorsionar el mensaje del predicador. Igual efecto podría tener la estática producida por una tormenta eléctrica para los que están escuchando un mensaje por radio. El "ruido" en la parábola del sembrador es la acción de los pájaros que devoran la buena semilla antes de que ésta tenga la oportunidad de echar raíces y producir fruto. Para los comunicadores, ruido es cualquier cosa que opaca o distorsiona un mensaje. Por lo tanto, el buen comunicador hará todo lo posible para eliminar el "ruido", pues su deseo es que los receptores capten el mensaje. Hace tiempo un viejo predicador me dijo: "Justamente cuando en mis sermones me toca presentar el mensaje del perdón y de la salvación, mis oyentes se ponen a llorar y los niños a gritar. Estoy convencido de que esto sucede porque Satanás no quiere que los pecadores entiendan el mensaje del evangelio y se salven."

La eliminación o reducción del ruido es una de las tareas más difíciles para los que han sido llamados a comunicar la palabra de Dios. El ruido puede opacar o distorsionar el mensaje de la palabra de Dios si se comunica en un idioma o forma cultural que no entiende bien el receptor del mensaje. La traducción, por lo tanto, del mensaje divino, siempre ha sido una de las tareas más importantes para los que comunican la fe del pueblo de Dios. Casi dos siglos antes de Cristo, se comenzaron a traducir al griego los libros del Antiguo Testamento. El resultado de esta tarea fue la producción de la Septuaginta, el Antiguo Testamento en griego. En los tiempos antes de Jesús, la mayoría de los judíos en Palestina y Babilonia ya no hablaban hebreo, el idioma en que fueron escritos la mayoría de los libros del Antiguo Testamento. Por ese motivo comenzaron a aparecer los Tárgum o traducciones parafraseadas del Antiguo Testamento al arameo, un idioma semítico parecido al hebreo y al árabe. Los judíos aprendieron el arameo durante la cautividad babilónica.

Puesto que los Tárgum son traducciones parafraseadas e interpretativas de las escrituras del Antiguo Testamento, su estudio puede ayudar al intérprete a apreciar cómo los rabinos en el tiempo del Nuevo Testamento y aún antes, entendieron e interpretaron las historias, los salmos, y las profecías de la Biblia hebrea. Por ejemplo, los Tárgum nos muestran que muchos textos en los salmos y en los profetas –no considerados como mesiánicos por la sinagoga– son vistos como mesiánicos por los redactores de los Tárgum.

Ya hemos visto como casi doscientos años antes de Cristo se comenzó la traducción del Antiguo Testamento al griego en Egipto. Esta traducción, conocida como Septuaginta o Versión de los Setenta, llegó a ser utilizada en las sinagogas de la dispersión donde los judíos habían olvidado el idioma de sus antepasados. Por medio de la Septuaginta la palabra de Dios pudo penetrar en la cultura grecorromana y servir como un poderoso instrumento para la evangelización de los gentiles. Cuando Pablo, Bernabé, y otros misioneros del nuevo movimiento cristiano comenzaron a hacer viajes evangelísticos con el fin de ganar personas de todas las naciones para el reino de Dios, encontraron en todas partes prosélitos gentiles que creían en el Dios de Abraham, Isaac y Jacob debido a la lectura de la Septuaginta.

La historia de la expansión, la profundización y la reforma de la fe del pueblo de Dios es la historia de la traducción de la palabra de Dios al lenguaje del pueblo. Aquí se destaca el trabajo abnegado de Jerónimo al traducir la palabra de Dios al latín, de Gregorio el Iluminador al traducir la Biblia al armenio y de Ulfías al traducir la Biblia al godo. En el tiempo de la Reforma, la traducción de la

Biblia al alemán por Lutero y al castellano por Casiodoro de Reina sirvieron para aclarar el mensaje del evangelio a los centenares de miles de creyentes que nunca habían aprendido el latín.

La traducción de la Biblia a tantos diferentes idiomas y dialectos ha servido para de-estigmatizar las culturas de los pueblos en las que se ha proclamado el mensaje de Cristo. La existencia de la palabra de Dios en tantos diferentes idiomas es evidencia elocuente de la verdad de que Dios no tiene favoritos. Dios respeta todas las culturas y desea encarnarse en cada una de ellas. El Dios de las Sagradas Escrituras no desea denigrar o destruir la gran variedad de culturas humanas porque todas son partes de su maravillosa creación. No es así con el Islam donde el árabe es considerado casi como un idioma divino. En el Islam no se reconoce la validez de las traducciones del Corán –el libro sagrado de los musulmanes– a otras lenguas. En el Islam el árabe sagrado es normativo en la ley, en la adoración, y en la devoción. Los devotos están bajo la obligación de realizar sus devociones en árabe aunque entienden muy poco el idioma en que el libro sagrado supuestamente fue comunicado a Mahoma. En el Islam el nombre de dios siempre es Alá; el nombre divino no puede ser traducido a otro idioma. Líderes musulmanes que han intentado traducir el Corán y usar la versión vernácula en la adoración han sido declarados herejes y reprimidos con la espada.[79] Otras lenguas y culturas son consideradas sumamente inferiores al idioma y a la cultura árabes. No se hace el intento de encarnar el Islam a otras culturas, sino de conquistarlas y suprimirlas.

La semilla del evangelio, en cambio, puede ser traducida a otros idiomas; ella puede nacer, crecer, y producir fruto en muchas clases de culturas. Traducir quiere decir transplantar, encarnar. La semilla del evangelio no busca destruir las tierras, las culturas en que es sembrada, más bien enriquece la tierra así como ciertas plantas –las legumbres, por ejemplo– añaden nitrógeno a la tierra y así la enriquecen. Mientras que el Islam crece por medio de la difusión y el imperialismo cultural, el cristianismo ha crecido por la traducción, por la encarnación de la semilla. Con la afirmación "Jesús es Emanuel, Dios con nosotros", se declara y se manifiesta el hecho de que Dios quiere y puede llegar a nosotros en nuestro propio idioma y no en una supuesta lengua divina o celestial como en el Islam. Hasta el hecho de que el Espíritu Santo permitió a los autores del Nuevo

Testamento comunicar el evangelio en el griego común, el *koiné*, y no el griego literario o clásico muestra la preocupación de Dios por comunicar las buenas nuevas a los más humildes.

Aunque el cristianismo ha sido acusado de destruir otras culturas al sembrar en ellas la semilla de la Palabra, el resultado de plantar en ellas el evangelio ha sido la revitalización de muchas culturas enfermas y moribundas. La traducción de la Palabra a tantos idiomas ha fomentado el pluralismo y ha frenado la divinización de cualquier cultura o idioma. Ha sido soporte, además, de la producción de diccionarios, libros de gramática, el despertar cultural y el orgullo nacional. Idiomas muertos como el latín, y centenares lenguas indígenas han experimentado una revitalización debido a la traducción de la Escritura en esas lenguas. En vez de destruir culturas paganas, el evangelio busca encarnarse en ellas con el fin de transformarlas y purificarlas desde muy adentro.

Se puede hablar de ruido en la transmisión del mensaje cuando el comunicador del mensaje presenta un contra mensaje por las formas culturales que emplea y porque su estilo de vida no concuerda con el mensaje que proclama.

PREGUNTAS PARA REFLEXIÓN

1. ¿Qué factores han llevado a tantos pensadores cristianos a interpretar el libro del Cantar de los Cantares alegórica o tipológicamente? ¿Cómo cree usted que debe ser interpretado el libro del Cantar de los Cantares hoy en día?
2. ¿Cuál es la distinción que se ha hecho entre una parábola y una alegoría? ¿Cómo ha afectado esta distinción la manera en que se han interpretado las parábolas de Jesús? ¿Hasta qué punto es válida esta distinción?
3. ¿Con cuál actor en la parábola del buen samaritano se identifica más usted? Explique porqué.
4. Lea la parábola del fariseo y del recaudor de impuestos en Lucas 18:9-14. ¿Cuál es el posible elemento subversivo en esta parábola?
5. ¿Qué enseña la parábola de la cizaña en Mateo 13:24-30 acerca de la naturaleza del reino de Dios?
6. ¿Qué elemento subversivo se puede encontrar en la historia de

la mujer que tocó el borde del vestido de Jesús en Marcos 5:21-43 y Mateo 9:18-26?

7. ¿Qué argumentos usaría usted para comprobar que el estudio y la interpretación de las Escrituras son para todos y no solamente para un pequeño círculo de conocedores o iniciados?

8. ¿Por qué se oponía el humanista, Erasmo de Rótterdam, al proyecto de Lutero de traducir la Biblia y de poner las Escrituras en manos de las clases populares?

9. Según Lutero, ¿qué debemos hacer para llegar a entender las partes oscuras y difíciles de la Biblia?

10. ¿Puede usted dar un ejemplo de cómo nosotros, hoy en día, tratamos de domesticar y dominar el mensaje de la Biblia?

11. ¿Qué entiende usted con la frase en latín "*Claritas Scripturae*"? ¿En qué sentido o en qué áreas son claras las Escrituras para sus oyentes y lectores?

12. ¿Por qué no son inmediatamente aplicables las leyes escritas para la vieja teocracia de Israel a nuestra situación en América Latina hoy en día?

13. ¿Qué se entiende con el término "ruido" en el área de las comunicaciones? ¿Puede dar ejemplos de "ruido"?

14. ¿Qué es un Tárgum? ¿Cómo puede ayudar un estudio del Tárgum en la interpretación de las Escrituras?

15. Discuta los diferentes conceptos que tiene el cristianismo y el Islam en cuanto a la contextualización de la palabra de Dios en otras culturas.

16. ¿Cuál ha sido el resultado de la traducción de la palabra de Dios al idioma de muchas culturas enfermas y moribundas?

CAPÍTULO CINCO

EL PODER EN LA SEMILLA

En la Escritura se emplean muchos símbolos, imágenes y metáforas para designar la palabra de Dios y la manera en que ésta opera en nuestras vidas. La Palabra es llamada una espada, un martillo, una lámpara, una bendición, una llama, una comida, leche y muchas otras cosas más. En la parábola del sembrador la Palabra es llamada la semilla. La semilla es la Palabra acerca del reino sembrada en el corazón del ser humano. La designación de la palabra de Dios como semilla es más que una simple metáfora o una analogía. Es una interpretación profunda y eminentemente cristológica de la misteriosa operación del Espíritu Santo, quien, como el viento, sopla por donde quiere (Juan 3:8), y produce en los seres humanos el nuevo nacimiento que tanto anhelamos pero que somos incapaces de producir por nosotros mismos.

Una semilla es algo muy pequeño, insignificante y aparentemente muerto, pero que lleva en sí una gran potencialidad. En la semilla está concentrado el poder de un nuevo nacimiento, de crecimiento, desarrollo y gran bendición. Las palabras también llevan dentro de sí un gran poder, tanto para bien como para mal. Todos hemos experimentado el poder de las palabras humanas para animar, alegrar, consolar, endulzar, pero también para provocar, herir, seducir, y producir pánico, temor o depresión. Pero las palabras que salen de la boca de Dios contienen en sí un poder que no poseen las palabras humanas. Éste es el poder del Espíritu de Dios. El Espíritu Santo no solamente es el que inspiró a los profetas y evangelistas a proclamar la palabra de Dios, sino que también está presente en la Palabra proclamada así como estaba presente cuando por medio de su Palabra y su Espíritu los cielos y la tierra fueron creados de la nada.

Lutero comparaba la proclamación de la palabra de Dios con la entrada de Jesús en la ciudad de Jerusalén la semana de su muerte. Jesús no llegó a la Ciudad Santa caminando, sino montado en un burro. Al entrar el burro por la puerta de la ciudad entró también el Señor, quien venía montado sobre el burrito. Cuando se proclama el evangelio, la palabra de Dios, como aquel burrito, pasa por el aire, después por nuestros oídos, y finalmente entra en nuestro corazón. Pero la Palabra que entra en nuestro corazón y nuestra mente nunca viene sola. Cristo viene montado sobre esta Palabra. Al penetrar la Palabra en nuestro corazón el Espíritu Santo comienza su trabajo de convencernos de pecado, de justicia y de juicio (Jn 16:8). El milagro de la fe no es algo que produce el ser humano por medio de sus esfuerzos espirituales, sus oraciones, sus ayunos, sus lágrimas de contrición; el ser humano llega a ser una nueva creación por medio de la acción del Espíritu Santo en la Palabra.

Es por el Espíritu Santo que estaba presente en la Palabra pronunciada por el Creador en el relato de la creación en Génesis 1 que estas palabras efectuaron lo que el Padre dijo. Dios dijo y así fue. Es con asombro y reverencia que el salmista declara: "Por la Palabra del SEÑOR fueron creados los cielos, y por el soplo de su boca, las estrellas. ...porque él habló, y todo fue creado; dio una orden, y todo quedó firme" (Sal 33:6, 9).

En su explicación del Tercer Artículo del Credo Apostólico el reformador Martín Lutero da expresión elocuente a esta verdad:

"Creo que ni por mi propia razón, ni por mis propias fuerzas soy capaz de creer en Jesucristo, mi Señor, o venir a él; sino que el Espíritu Santo me ha llamado mediante el evangelio, me ha iluminado con sus dones, y me ha santificado y conservado en la verdadera fe."[80]

Hebreos 4:12 nos habla del poder de Dios presente en la semilla que es la palabra de Dios: "Ciertamente, la palabra de Dios es viva y poderosa, y más cortante que cualquier espada de dos filos. Penetra hasta lo más profundo del alma y del espíritu, hasta la médula de los huesos, y juzga los pensamientos y las intenciones del corazón."

En este texto hay cinco palabras que describen la palabra de Dios: viva, poderosa, cortante, penetrante, y juzgadora. Nos damos cuenta de cuán cortante y penetrante es la palabra de Dios al ver el resultado de la predicación de Pedro en el primer día del Pentecostés cristiano. Lucas nos informa que los que oyeron la exposición de las profecías del Antiguo Testamento referentes a la muerte y resurrección de Cristo y al derramamiento del Espíritu Santo "se sintieron profundamente conmovidos y les dijeron a Pedro y a los otros apóstoles: –Hermanos, ¿qué debemos hacer?" (Hch 2:37). Por medio de la Palabra el Espíritu Santo logró fundir los corazones duros de los hombres de Jerusalén y producir en ellos el milagro del arrepentimiento.

Vemos nuevamente la conexión tan íntima entre la palabra de Dios y el Espíritu de Dios en el relato de la visita que hizo el apóstol Pedro a la casa del centurión romano Cornelio en Hechos 10. Mientras que Pedro proclamaba el evangelio a Cornelio, sus parientes y amigos, el Espíritu Santo descendió sobre este grupo de no-judíos así como sobre los creyentes judíos en el día de Pentecostés. El hecho de que nos viene el Espíritu por medio de la Palabra, es enfatizado también por Pablo cuando les pregunta a los Gálatas: "¿Recibieron el Espíritu por las obras que demanda la ley, o por la fe con que aceptaron el mensaje?" (Gá 3:2).

Textos como éstos y como 1 Pedro 1:23-25 han llevado a la iglesia cristiana a concluir que la semilla de la Palabra no solamente tiene vida en sí misma, sino que también imparte vida, una nueva vida que significa comunión con Dios ahora y para siempre.

Es por el Espíritu Santo que está presente con su poder en los oráculos proféticos que se cumplen las profecías pronunciadas por los hombres de Dios. Por ese motivo los israelitas cautivos en Babilonia podían confiar en las profecías del Señor que hablan de su retorno a la Tierra Prometida. Éstas son las promesas proféticas que se encuentran en la parte del libro de Isaías que ha sido denominado "el libro de la esperanza". Estas promesas proféticas son la base del consuelo y la esperanza proclamados por Yahvé.

"La hierba se seca y la flor se marchita, porque el aliento del SEÑOR sopla sobre ellas. Sin duda, el pueblo es hierba. La hierba se seca y la flor se marchita, pero la palabra de nuestro Dios permanece para siempre" (Is 40:7-8).

"Así como la lluvia y la nieve descienden del cielo, y no vuelven allá sin regar antes la tierra y hacerla fecundar y germinar para que dé semilla al que siembra y pan al que come, así es también la palabra que sale de mi boca: No volverá a mí vacía, sino que hará lo que yo deseo y cumplirá con mis propósitos. Ustedes saldrán con alegría [de la cautividad babilónica] y serán guiados en paz" (Is 55:10-12).

Estas palabras de Dios pronunciadas por el profeta Isaías no sólo informan acerca de lo que Dios promete sino que también producen, efectúan, obran la esperanza en el corazón del creyente afligido y sin esperanza. El poder del Espíritu para producir el fruto de la esperanza tiene que ver tanto con los cautivos en Babilonia en los días del Antiguo Testamento como con los que viven en la nueva era del Nuevo Testamento. En Romanos 15:4 Pablo afirma: "De hecho, todo lo que se escribió en el pasado se escribió para enseñarnos, a fin de que, alentados por las Escrituras, perseveremos en mantener nuestra esperanza." Según 1 Corintios 13 la esperanza es uno de los tres grandes frutos del Espíritu Santo. Pero hay que tomar en cuenta que este fruto –como todos los demás– son producidos cuando la semilla de la Palabra es sembrada en nuestras vidas. Es por la esperanza que la Palabra le dio a Martín Lutero y a los demás reformadores en sus propias aflicciones y luchas, que las palabras de Isaías 40:8 llegaron a convertirse en uno de los grandes lemas de la Reforma: "La palabra de nuestro Dios permanece para siempre."

LA DOBLE TORÁ DE LOS RABINOS

Sin lugar a duda, uno de los hechos que más contribuyó al desarrollo del método alegórico y sus posteriores abusos fue el deseo de cristianos y judíos de tener información sobre un gran número de tópicos que aparentemente no están incluidos en las Sagradas Escrituras. La Biblia no da instrucciones al cazador de cómo encontrar caza, tampoco da un remedio para curar verrugas. Los rabinos responsables de juzgar toda clase de problemas dentro de la congregación y para dictar juicios justos en casos de conflicto, no siempre encontraron modelos en la Biblia que les podían ayudar a tomar una decisión definitiva. En el tiempo del Nuevo Testamento, entre los rabinos y los sectarios de Qumran, existía una creencia de que debajo de las letras de la Escritura había enseñanzas escondidas que podían servir para resolver toda clase de problemas, y para contestar toda clase de preguntas. Tales técnicas, como la gematría y la cábala, fueron desarrolladas para ayudar a los rabinos y a sus estudiantes a sacar estas interpretaciones ocultas del sentido literal de las palabras.

Se creía que las nuevas interpretaciones y aplicaciones de la Palabra estaban latentes en ella así como los árboles y arbustos están latentes dentro de la semilla. Creyeron firmemente que el Espíritu Santo podía dar nuevas interpretaciones a los textos del Antiguo

Testamento y hacerlos aplicables a situaciones contemporáneas. Se decía, por ejemplo, que las referencias al pueblo de Edom en el Antiguo Testamento realmente deben ser interpretadas como que se refieren a Roma. Las enseñanzas e interpretaciones que los rabinos desarrollaron en sus escuelas llegaron a ser conocidas como la tradición de los ancianos. Puesto que estas tradiciones habían salido de la semilla de la Torá como el árbol sale de la semilla, fueron vistas como una extensión o desarrollo de la Palabra y, por lo tanto, llevaban la misma autoridad que la Torá. Recordamos cómo en muchas ocasiones Jesús se opuso a las tradiciones de los ancianos, llamándolas enseñazas de hombre y no de Dios. Sin embargo, la importancia de la tradición de los ancianos llevó a los rabinos a desarrollar lo que ha sido llamado la teoría de la doble Torá. Esta teoría no surgió en los tiempos del Nuevo Testamento, sino unos cuatro siglos después de Cristo, poco antes de la aparición del Talmud.

Según la teoría de la doble Torá, Moisés en el monte Sinaí recibió los mandamientos, las historias relatadas en el Pentateuco, en forma escrita, y otras revelaciones en forma oral. Se dice que Moisés se aprendió estas otras revelaciones de memoria y se las pasó a sus sucesores antes de morir. Los sucesores de Moisés, sumos sacerdotes, sabios y profetas, a su vez, recibieron la Torá oral y la aprendieron de memoria. Fue de esta forma que las palabras que Moisés recibió por revelación divina llegaron a los grandes rabinos que formaron la gran sinagoga y sus sucesores, que después de la destrucción de Jerusalén codificaron la tradición de los ancianos en el libro que conocemos como la Misná. La Misná finalmente fue publicada en los días de Judá, el Patriarca (200 d.C.). Para los rabinos, tanto la Torá escrita como la Torá oral son partes de la misma revelación divina y por lo tanto, constituyen una sola Torá. Por supuesto, no todos los judíos aceptaron la tradición de los ancianos como revelación divina. El movimiento de los *karaites* rechazó la tradición de los ancianos y tomó los rollos del Antiguo Testamento como la única revelación de Dios a su pueblo.

Aproximadamente al mismo tiempo en que los rabinos desarrollaron su teoría de la doble Torá hubo un movimiento paralelo en algunas partes de la iglesia cristiana. Hubo una teoría que afirmaba que el Señor Jesucristo había dado a los apóstoles, y especialmente a Pedro, algunas enseñazas en forma oral que nunca llegaron a formar parte del Nuevo Testamento. Estas enseñanzas o tradiciones, juntamente con las Sagradas Escrituras, forman la base doctrinal de la Iglesia Romana.

La así llamada teoría de las dos fuentes fue desarrollada por los abogados canónicos.[81] De acuerdo con esta teoría, verdades que no se encuentran en la Escritura fueron reveladas a los apóstoles por Jesucristo antes de su ascensión. Posteriormente, los apóstoles revelaron estas verdades a sus sucesores episcopales. Según esta teoría, lo que dice la tradición es decisivo en todos los asuntos de fe cuando no hablan las Escrituras. La teoría de las dos fuentes de revelación recibió definición dogmática en la cuarta sesión del Concilio de Trento en 1546.[82]

La teoría de las dos fuentes fue atacada contundentemente por Martín Lutero y los reformadores durante la Reforma del siglo 16. Al principio, Lutero enseñaba, como Tomás de Aquino y los demás teólogos de la Edad Media, que las Escrituras interpretadas por los concilios, el papa y los doctores de la iglesia tenía suprema autoridad en la iglesia. Pero en los debates con los teólogos romanos, por ejemplo, en el debate con Juan Eck en Leipzig, Lutero llegó a convencerse de que tanto los doctores de la iglesia, como el papa y los concilios se habían equivocado en su interpretación de las Escrituras. Estas equivocaciones se hicieron más patentes, no tanto en pequeños artículos sin importancia, sino especialmente en lo que se refiere al tema principal de la Biblia, la salvación obtenida por el supremo sacrificio de Cristo en la cruz.[83]

Juntamente con las palabras *Sola Fide* y *Sola Gracia*, la frase *Sola Scriptura*, llegó a ser uno de los grandes lemas de la Reforma. Lutero y los reformadores insistieron en el principio de *Sola Scriptura* para defender el mensaje central del evangelio: Dios por pura gracia ofrece el perdón de los pecados, la vida eterna y la salvación conseguidos por la muerte y resurrección de Jesucristo. La *Sola Scriptura* es necesaria para defender el *Solus Christus* y la *Sola Gratia*. Los concilios de la iglesia, el papa y muchas de las tradiciones, no enseñaban que la salvación es sólo por Cristo, sino por Cristo más indulgencias, penitencias, peregrinaciones y hábitos monásticos.

Es importante notar que en el empleo de la frase *Sola Scriptura*, el énfasis recae sobre la palabra *sola*. Lutero enfatizó que las Escrituras no reconocen la autoridad ni la existencia de otras fuentes de autoridad extra-bíblicas. La Escritura no requiere otras fuentes de autoridad porque en las doctrinas más fundamentales la Escritura es suficientemente clara. Se interpreta y autoriza a sí misma.

La posición de la Reforma en cuanto a la autoridad de las Sagradas Escrituras como la única norma de fe y práctica para la iglesia de Cristo se resume magistralmente en la Epítome de la Fórmula de Concordia:

"Creemos, enseñamos y confesamos que la única regla y norma según la cual deben valorarse y juzgarse todas las doctrinas, juntamente con quienes las enseñan, es exclusivamente la Escritura profética y apostólica del Antiguo y Nuevo Testamento, como está escrito en el Salmo 119:105: 'Lámpara es a mis pies tu palabra, y lumbrera a mi camino' y como escribe el Apóstol San Pablo en Gálatas 1:8 'Aunque un ángel del cielo os anunciare otro evangelio, sea anatema.'"[84]

Otros escritos, empero, de teólogos antiguos o modernos, sea cual fuere el nombre que lleven, no deben considerarse iguales a la Sagrada Escritura, sino que deben subordinarse a la misma, y no deben admitirse en otro carácter y alcance sino como testigos de ella, para demostrar de qué modo y en qué lugar fue conservada esta doctrina de los profetas y apóstoles en los tiempos pos-apostólicos.

Mientras que la doble Torá de la sinagoga y la teoría de las dos fuentes de los teólogos romanos representan maneras de añadir a la Palabra elementos que no forman parte de la revelación bíblica, se debe recordar que la misma Escritura nos alerta de otra manera de alterar la Palabra. Esta alteración no consiste en añadir a la Palabra, sino en reducirla. El libro de Apocalipsis fue colocado al final de nuestra Biblias a fin de que la advertencia en 22:18-19 sirviera contra todo intento de añadir alguna enseñanza, no sólo a este libro, sino a todo el canon: "A todo el que escuche las palabras del mensaje profético de este libro le advierto esto: Si alguno le añade algo, Dios le añadirá a él las plagas descritas en este libro. Y si alguno quita palabras de este libro de profecía, Dios le quitará su parte del árbol de la vida y de la ciudad santa, descritos en este libro."

Desde los días de la Iglesia Primitiva se han registrado toda clase de intentos de reducir el contenido de las Escrituras. El gnóstico Marción de Ponto, eliminó de su canon de la Biblia todos los libros del Antiguo Testamento y todos los del Nuevo Testamento, excepto las epístolas de San Pablo y una parte del Evangelio de San Lucas. Marción quería purificar la Escritura eliminando todo lo que tenía que ver con los judíos, su Dios y su religión. Ya hemos relatado cómo la iglesia, bajo el liderazgo de hombres como Ireneo, condenaron a Marción y lucharon en contra de sus herejías.

Una de las maneras más comunes de reducir el contenido de las Escrituras es estableciendo un canon dentro del canon. Esto sucede cuando el intérprete escoge un tema bíblico, lo declara el tema principal de la Biblia y excluye todo texto que, en su opinión, no concuerda con su tema principal. Por ejemplo, algunos teólogos latinoamericanos han llegado a la conclusión de que el tema central de la Biblia es la lucha que permite que los pobres y los oprimidos sean los autores de su propia liberación. Se afirma que la Biblia es el único libro antiguo escrito por los pobres y para los pobres. Toda la literatura de la antigüedad fue el producto de las clases dominantes porque sólo ellos tenían los recursos económicos y políticos necesarios para escribir, producir y preservar obras literarias. En aquel entonces, como hoy, las clases dominantes buscan controlar los medios de comunicación.

Se dice que fue por medio del control de los medios de comunicación que las clases dominantes lograron insertar en la Biblia textos ideológicos que justifican la acumulación de los bienes de este mundo en manos de personas ricas como Abraham, Isaac, Job, Salomón y Ezequías. Muchos de los proverbios insinúan que una de las causas de la prosperidad es el trabajo duro de los justos mientras que la holgazanería es una de la causas de la pobreza. Tales proverbios, nos dicen, representan la ideología utilizada por los ricos y opresores para justificar el control que ejercen sobre la economía. Se dice que estos textos fueron agregados por los ricos y no constituyen una parte de la fe del pueblo de Dios. Se alega que la verdadera razón que llevó al rey Josías a acabar con los santuarios rurales y a concentrar el culto de Yahvé en el templo de Jerusalén fue permitir a los ricos comerciantes de Jerusalén ejercer un monopolio sobre la venta de animales para los sacrificios. Estas conclusiones han servido para excluir o marginar una gran cantidad de textos bíblicos en el nombre de la opción preferencial por los pobres. Se permite que un reducido número de textos que hablan de la liberación de los pobres controle todos los demás textos. El resultado es la creación de un mini canon autoritativo que opaca el resto del canon bíblico. Pablo, en cambio, en su discurso de despedida a los líderes de la iglesia de Éfeso declaró: "Por tanto, hoy les declaro que soy inocente de la sangre de todos, porque sin vacilar les he proclamado todo el propósito de Dios" (Hch 20:26-27).

En una forma semejante, los que proponen un milenio literal, una doble predestinación, o la liberación femenina han establecido sus propios canones dentro del canon. Muchas personas cuando leen la Biblia establecen su propio canon dentro del canon inconscientemente. Muchos cristianos que pertenecen a las clases pudientes automáticamente excluyen lo que las Escrituras dicen de la culpabilidad de ellos en el sufrimiento de los pobres y oprimidos. Cuando se establece un canon dentro de un canon el resultado casi siempre es un empobrecimiento de la base de nuestra fe. Los cristianos necesitan escuchar el mensaje total de la Biblia, no solamente las partes que concuerdan con sus preocupaciones, prejuicios, y orientación cultural. Por esto, también es imperativo sujetar nuestras interpretaciones de la Palabra a las de los cristianos de otras sociedades, tiempos, y corrientes teológicas.[85]

Al concluir esta discusión sobre la *Sola Scriptura*, queremos dejar en claro este principio:

PRINCIPIO VIII: *Las escrituras que forman la única base para la fe y la práctica del pueblo de Dios son las Sagradas Escrituras de los libros del Antiguo y Nuevo Testamentos. La base de la fe no es la doble Torá de la tradición rabínica, ni las dos fuentes de la tradición católica romana, ni cualquier canon dentro del canon que excluye una parte de la revelación divina.*

TERCERA PARTE

El tercer elemento de estudio: la tierra o el receptor

Jesús nos relata en su parábola del sembrador que una parte de la semilla cayó junto al camino, otra en terreno pedregoso, la otra parte entre zarzas y espinos, y el resto en buen terreno donde dio una buena cosecha. Al hablar de la tierra en la que cayó la buena semilla de la palabra de Dios el Señor está enfocando el tercer horizonte o elemento principal en la comunicación de la Palabra, es decir, los receptores.

La semilla es sembrada en la tierra porque el sembrador quiere efectuar un cambio en la tierra; quiere que la tierra produzca fruto. El autor bíblico escribe porque quiere efectuar un cambio en los que reciben el mensaje. El sembrador de la palabra de Dios esparce su semilla a fin de que la semilla sembrada llegue a producir una cosecha abundante en los que oyen. En uno de los textos mejor conocidos del Nuevo Testamento (Romanos 10:9) el apóstol Pablo declara que la proclamación de la palabra de Dios tiene como finalidad que el receptor del mensaje confiese con su boca que Jesús es el Señor y que crea en su corazón que Dios lo levantó de entre los muertos. La intención de Pablo, y los demás apóstoles y evangelistas, es que la proclamación de la Palabra produzca la salvación de los que oyen el mensaje porque "todo el que invoque el nombre del Señor será salvo" (Ro 10:13). Escribiendo a su querido discípulo Timoteo, Pablo declara que el propósito principal de las Sagradas Escrituras es darle la sabiduría necesaria para la salvación mediante la fe en Cristo Jesús (2Ti 3:15).

Al terminar de relatar la parábola del sembrador Jesús declara: "El que tenga oídos, que oiga." En el ambiente semítico la palabra "oiga" significa mucho más que percibir los sonidos que produce un emisor, o captar intelectualmente el sentido del mensaje. "Oiga" implica obedecer. En varios idiomas orientales uno de los significados de la palabra "oír" es obedecer, hacer caso, cumplir. Al decir: "El que tenga oídos, que oiga", Jesús está diciendo que acepten, que confíen, que obedezcan el mensaje del reino de Dios. Está diciendo lo mismo que Santiago cuando éste escribe: "No se contenten sólo con escuchar la palabra, pues así se engañan ustedes mismos. Llévenla a la práctica" (Stg 1:22).

La intención del autor del mensaje es que la fe en Cristo sea sembrada en las vidas de los receptores de la Palabra. Pero para que los receptores del mensaje sean transformados por el poder del mensaje, la Palabra necesita ser proclamada a todos. Pregunta el apóstol: "Cómo invocarán a aquel en quien no han creído? ¿Y cómo creerán en aquel de quien no han oído? ¿Y cómo oirán si no hay quien les predique? ¿Y quién predicará sin ser enviado? Así está escrito: '¡Qué hermoso es recibir al mensajero que trae buenas nuevas!'" (Ro 10:14-15).

Una de las cosas que llevó a Jesús a relatar la parábola del sembrador fue la incredulidad de muchas personas que oyeron sus enseñanzas pero que no las pusieron en práctica. La semilla de la Palabra fue sembrada en sus vidas; sin embargo, no lograron producir fruto. Según Lucas 8:21 los verdaderos hermanos de Jesús son "los que oyen la palabra de Dios y la ponen en práctica". Según Mateo 13:14, no todos los que oyen la Palabra llegan a entender los misterios de reino de los cielos. No todos producen fruto. Los seres humanos son capaces de rechazar la palabra de Dios. Así también lo expresa la segunda y tercera estrofas de nuestro canto de la escuela dominical:

Cayó una parte en los pedregales,
en los pedregales, en los pedregales,
cayó una parte en los pedregales,
por falta de raíces se secó.

Cayó otra parte en zarzas y espinas,
en zarzas y espinas, en zarzas y espinas,
cayó otra parte en zarzas y espinas,
ahogada y ningún fruto dio.

Entre otras cosas, Mateo 13:14 nos indica que la palabra de Dios es sembrada, proclamada y enseñada con la intención de producir un efecto o una transformación en el ser humano. La semilla de la Palabra es sembrada para producir fruto. Se necesita la tierra para lograr una buena cosecha, pero la tierra sin semilla no puede producir fruto por sí sola.

Esto quiere decir que el evangelio se proclama para describir algo que ha sucedido o que está sucediendo y efectuar una transformación en el oyente y en la sociedad. Hay una intencionalidad de transformación en la proclamación de la Palabra. Es por esto que Jesús llama a sus oyentes a oír, a escuchar, a hacer caso a la proclamación del mensaje. En efecto, la parábola del sembrador proclama que la transformación del mundo que tanto anhelaban los contemporáneos de Jesús será realizada no por una guerra santa en contra del sistema imperialista sino por medio de la proclamación del evangelio. La mayoría de los judíos en el tiempo de Jesús, incluyendo sus propios discípulos, creyeron que el reino de Dios sería establecido por medio de una insurrección de los hijos de la luz en contra de los romanos y sus lacayos entre el pueblo de Israel.

El poder de la palabra de Dios para efectuar cambios en el oyente ha sido denominado la "eficacia de la Palabra". Lo que le da eficacia a la Palabra es la autoridad de su autor divino y la presencia del Espíritu en dicha Palabra. No toda persona tiene la autoridad de otorgar la libertad a un preso, o de condenar a otro. Sólo el juez tiene autoridad de condenar o de indultar. Cuando el juez declara libre al reo se efectúa un cambio, una transformación radical en la vida del preso. Las cosas no son las mismas; todo ha cambiado. Ciertos textos efectúan lo que declaran porque revisten una autoridad preformativa. Cuando Jesucristo le declara al paralítico: "Tus pecados te son personados", el incapacitado queda absuelto de sus delitos porque el que lo perdona es el Hijo del hombre, el que recibió autoridad para juzgar a los vivos y a los muertos en el día del juicio final. La autoridad detrás de la Palabra es lo que le da la fuerza a la misma.

EL PAPEL DE LOS RECEPTORES

Los receptores a quienes se dirige la Palabra, en cuyas vidas es sembrada la semilla no son pasivos en la manera en que reciben el mensaje. Es el transmisor del mensaje quien en palabras, en símbolos y en imágenes comunica el mensaje, pero el receptor tiene que construir el significado de este mensaje en su mente. Todo receptor toma un riesgo al abrirse a un mensaje. Usualmente los seres humanos resisten los cambios. Por naturaleza no queremos ser transformados por los mensajes que recibimos. Buscamos mantener nuestro equilibrio emocional y psicológico y por lo tanto construimos defensas alrededor de nosotros mismos. Nuevas ideas con frecuencia constituyen una amenaza para nosotros. Por lo tanto, colocamos dentro de nosotros filtros mentales para protegernos de los mensajes que nos son dirigidos. El comunicador del mensaje tendrá que buscar la manera de penetrar estas defensas.[86]

Al recibir un mensaje, el receptor tiene que decidir qué hacer con él. Generalmente olvidamos lo que no logramos integrar a nuestra filosofía y a nuestro estilo de vida. La parábola del sembrador habla de las aves del cielo que comen la semilla antes de que ésta tenga la oportunidad de echar raíces. Rechazamos lo que no queremos oír así como hizo el rey Joacim cuando quemó el rollo de las profecías de Jeremías. Retenemos o memorizamos aquella parte del mensaje que deseamos poner en práctica. El ser humano desea ser autónomo, no quiere ser dominado por la Palabra, más bien, buscará la manera de dominar la Palabra. La tierra llena de pedregales y la tierra llena de zarzas y espinas nos presentan con una imagen de los que, a su manera, buscan dominar la Palabra. No producen fruto porque en vez de recibir la Palabra y ser dominada por ella, buscan dominarla y sujetarla a sus propios proyectos.

Tal actitud cuadra bien con ciertas filosofías hermenéuticas modernas que afirman que son los lectores del texto los que le dan significado al mismo. O sea, el significado de un texto no surge del texto mismo,[87] o de la intención del autor sino del lector. De acuerdo con esta filosofía, no existe una interpretación autoritativa de un texto, sea bíblico, novelístico, poético o literario. Cada lector proyecta sobre el texto una interpretación o significado de acuerdo con su propia cosmovisión, sus propias experiencias y su propia filosofía de vida. Existen tantos significados como lectores y cada uno de estos significados es igualmente válido. De esta manera, los encuentros entre los lectores y los textos solamente sirven para afirmar las identidades previas de los lectores, pero no para cambiarlos y transformarlos de acuerdo con la intención del autor del texto.[88]

No se puede negar que en muchos casos los lectores proyectan sus intereses, deseos, y planes sobre el texto y producen una infinidad de lecturas e interpretaciones. Lo que tenemos que negar es la idea de que todas estas interpretaciones son igualmente válidas y de que no existe tal cosa como una interpretación inválida, falsa o herética. Cuando el lector proyecta sobre el texto bíblico sus propios planes, prejuicios, y fantasías, lo que se produce es idolatría, ideología y la construcción de un dios a su propia imagen.[89] Este peligro existe cuando busco leer un texto en términos de lo que significa para mí y no en términos de la transformación que Dios desea llevar a cabo en mí.[90] En nuestro estudio del receptor de la Palabra, necesitamos enfatizar no solamente la tendencia que tiene el lector de transformar el texto sino el poder y la autoridad en el texto de impactar y transformar al receptor.[91] Las dos maneras en que los textos bíblicos impactan nuestras vidas y nos transforman se llaman ley y evangelio.

CAPÍTULO SEIS

LEY Y EVANGELIO

Después de escuchar la parábola relatada por el profeta Natán, el rey David fue llevado a reconocer su pecado y gritar: "–He pecado contra el SEÑOR" (2S 12:12). Los miles de judíos que escucharon la predicación de Pedro en el día de Pentecostés se sintieron profundamente conmovidos y clamaron: "¿Qué debemos hacer?" (Hch 2:37). Tanto el rey David como los judíos de Jerusalén son impactados por la ley. Nosotros somos impactados por la ley cuando el Espíritu Santo nos lleva a un conocimiento de nuestra verdadera condición de hombres y mujeres que, como Adán y Eva, nos hemos rebelado contra Dios, y por lo tanto estamos lejos de su gloria. Somos impactados por la ley cuando, como el rey David, somos llevados a reconocer nuestro pecado y a saber que no podemos purificarnos por nuestros propios esfuerzos. Somos impactos por la ley cuando, como los hombres de Jerusalén, nos damos cuenta que estamos bajo la ira de Dios porque somos culpables de la pasión y muerte de su Hijo Jesucristo. Somos impactados por la ley cuando se caen nuestras máscaras y nos vemos a nosotros mismos como en realidad somos: rebeldes, egoístas, perversos e hipócritas –no justos, inocentes o mejores que los demás–. Somos impactados por la ley cuando, después de leer el libro de Eclesiastés, nos damos cuenta que lo que más ambicionamos en esta vida: riquezas, placer, poder, fama... es pura vanidad.

La ley es la acción del Espíritu Santo que acusa al ser humano por su pecado, incredulidad, idolatría, impotencia e indiferencia (Jn 16:8). La ley es Dios que obra por medio de la Escritura, por nuestra situación existencial, y por medio de la ley escrita en nuestros corazones para llevarnos al arrepentimiento. El joven estudiante de leyes, Martín Lutero, al ser derribado de su caballo por un rayo, se sintió condenado por la justicia de Dios e imploró a Santa Ana que lo salvara de la justicia divina. La ley es lo que estaba actuando en el corazón del carcelero de Filipos cuando después del terremoto se echó temblando a los pies de Pablo y de Silas preguntando: "Señores, ¿qué tengo que hacer para ser salvo?" (Hch 16:30). Fue la ley que obró en el dolor y la angustia del ladrón en la cruz lo que lo llevó a exclamar: "Sufrimos lo que merecen nuestros delitos; éste, en cambio, no ha hecho nada malo" (Lc 23:41).

Ese mismo malhechor experimenta el evangelio cuando Jesús le declara: "Te aseguro que hoy estarás conmigo en el paraíso" (Lc 23:43). La mujer sorprendida en adulterio (Juan 8:1-11) espera el impacto de las agudas piedras de sus acusadores, pero en cambio, su corazón es impactado por las palabras consoladoras de Jesús: "¿Ya nadie te condena?... –Tampoco yo te condeno." Lo que experimenta la mujer en ese momento es el poder transformador del evangelio. Al ver la luz refulgente de la gloria divina, los pastores en el campo de Belén se llenan de miedo, pues esperan ser fulminados por la santidad de Dios, pero lo que los ángeles del Señor les proclaman son las buenas nuevas del nacimiento de un Salvador. El mensaje del evangelio transformó el temor de los pastores en alegría, como transformó la angustia y desesperación de las mujeres frente a la tumba de Jesús cuando ellas escucharon: "¿Por qué buscan ustedes entre los muertos al que vive? No está aquí; ¡ha resucitado!" (Lc 24:5-6).

El efecto que produce la proclamación de la ley en nosotros puede ser de angustia, desesperación, y terror. Pero nuestra reacción a la proclamación de la ley también puede ser de rechazo y rebelión en contra de ese Dios que se atreve a llamarnos la atención y a juzgar nuestros proyectos. Fue por esto que tantos profetas de Dios fueron perseguidos y ajusticiados. Otras personas, en vez de humillarse y arrepentirse ante la proclamación de la ley, intentan utilizar la ley para justificarse a sí mismos y declarar: "Dios tendrá que aceptarme porque soy más justo que los demás." Pero el propósito de la ley no es el de otorgarnos un medio por el cual podamos justificarnos ante Dios. Esto sería un abuso de la ley. Una hermenéutica bíblica responsable tiene que reconocer los usos legítimos de la ley y las funciones correctas del evangelio.

De acuerdo con la Fórmula de Concordia, el pueblo de Dios ha reconocido tres funciones o usos legítimos de la ley. El primer uso legítimo de la ley ha sido llamado el uso civil o político. Según este uso, la ley sirve para promover la justicia, el orden y el bienestar entre los hombres, y en la creación. Aquí la ley busca preservar el bello mundo que Dios ha creado, para que no sea destruido por la rapacidad de una humanidad caída. Según la Torá, o ley que Dios entregó a los israelitas, los animales también merecen descansar en el día de reposo. Cada siete años los campos deben descansar –no ser sembrados– para que puedan recobrar sus fuerzas. La Torá tiene, como uno de sus propósitos, proteger a los más débiles de la explotación, opresión e indiferencia de los más poderosos. Las leyes del Antiguo Testamento obligan a los gobernantes a actuar para salvaguardar la integridad de las viudas, los huérfanos, y los extranjeros. Puesto que la mayoría de los seres humanos carecen del Espíritu de Dios, tienen que ser obligados a actuar en conformidad con la voluntad divina. Por lo tanto, hay muchos que comparan este primer uso de la ley con un freno. O sea, la ley por medio de la fuerza, del castigo, o la amenaza de castigo busca frenar la injusticia del ser humano en contra de su prójimo. La ley obliga a los seres humanos a hacer lo que ellos, por su egoísmo y orgullo, no quieren hacer. La ley obliga a los hombres a actuar en contra de las inclinaciones pecaminosas de su propia voluntad. La ley, según su uso civil, opera a base de la fuerza y da a los gobernantes la autoridad de castigar a los que violan los derechos y las vidas de otros.

Es precisamente sobre la base del primer uso de la ley que debe surgir toda teología de liberación, y todo proyecto que busca responder al clamor de los explotados y marginados que, como los esclavos hebreos en el Antiguo Testamento, gimen bajo los latigazos de los sistemas de opresión. Los que trabajan en pro de un mundo más justo, más igualitario, y más ecológicamente sano, lo hacen bajo la autorización que les brinda el uso civil de la ley. Es la Torá de Yahvé que nos llama a responder al clamor del pobre y a ejercer en el nombre de Dios toda opción preferencial por el pobre. Pero se debe entender que tanto las denuncias bíblicas en contra de los sistemas de explotación y opresión como las acciones de Yahvé y de los libertadores y jueces llamados por él, corresponden a la ley. Los Diez Mandamientos, entendidos correctamente, y puestos en práctica, constituyen una teología de liberación y obligan a todos a trabajar a favor del reino de Dios. Tal teología de la liberación, basada en el primer uso de la ley no es opcional ni para el cristiano, ni para el no cristiano. Es parte de la voluntad de Dios para todo ser humano. Se sobreentiende, sin embargo, que el ser humano es incapaz de construir el reino de Dios. Pero, con la ayuda de la palabra de Dios y del Espíritu Santo se espera construir comunidades que funcionen como anticipaciones, aproximaciones, instrumentos y señales del reino. Pero para evitar confusión, se debe tener en claro que las teologías de liberación corresponden al primer uso de la ley. Llamarlas evangelio, y no ley, causará gran confusión.

La segunda función de la ley es lo que los teólogos han llamado el uso teológico. Según este uso, la ley funciona como un espejo que nos ayuda a vernos como realmente somos: pobres, perdidos pecadores, incapaces de salvarnos a nosotros mismos y necesitados de un libertador que nos rescate de las consecuencias de lo que hemos hecho y de lo que somos. Al hablar del segundo uso de la ley, los reformadores utilizaron la frase: "La ley siempre acusa." La ley acusa precisamente porque no la hemos cumplido. Y puesto que ningún ser humano puede cumplir perfectamente la ley de Dios, nadie puede ser justificado delante de Dios a base de sus hechos, sus justicias, o su lucha en contra de la injusticia y a favor de la liberación. La ley habla en términos de lo que hemos hecho o no hecho, o a base de lo que el ser humano debe hacer o dejar de hacer. La ley se resume en mandamientos, exigencias y demandas. El evangelio, en cambio, no habla de lo que hacemos nosotros, sino de todo lo que ha hecho Dios y lo que sigue haciendo para rescatarnos, librarnos, perdonarnos, bendecirnos, salvarnos y transformarnos. El evangelio se resume magistralmente en las palabras del Credo Apostólico. Somos aceptados por Dios a base de lo que él ha hecho, no a base de lo que hemos hecho o de lo que somos.

Martín Lutero y los reformadores enfatizaron una y otra vez que una vez que la ley llevó a un pecador a reconocer su pecado y a arrepentirse, no se debe seguir utilizando la ley para acusarlo y condenarlo, pues, de esta manera, el penitente podría ser llevado a la desesperación, y hasta el suicidio. La voz acusadora y condenadora de la ley debe ser dirigida a los pecadores impenitentes que rechazan a Dios y a sus prójimos. A los pecadores penitentes o arrepentidos hay que proclamarles el dulce mensaje del perdón por los méritos de Cristo en la cruz. Predicar palabras de condenación a los penitentes y palabras de perdón a los impenitentes son las dos formas más comunes de confundir la ley y el evangelio.

Finalmente, hay un muy discutido tercer uso de la ley según el cual la ley ayuda al cristiano ya justificado a cómo servir y adorar mejor a su Salvador. Le indica, por ejemplo, que Dios no exige un cierto día en la semana para la celebración de los oficios de la congregación. Para el Señor, todos los días ahora son iguales. Le indica también que el cristiano en su nueva vida como hijo de Dios no está obligado a comer o a no comer ciertas clases de comida. Este tercer uso o función de la ley ha sido comparado a una regla. El cristiano, consciente de su justificación en Cristo, no tendrá que ser motivado a servir y a adorar a Dios por las amenazas de la ley, porque el Espíritu Santo ya está produciendo sus frutos en su vida. Es el Espíritu Santo y no las amenazas de la ley lo que motiva al hijo de Dios. Es otra confusión de la ley y del evangelio buscar motivar al cristiano a base de las amenazas de la ley, así como motivar al no cristiano a base del evangelio. El no cristiano tiene que ser motivado por la ley precisamente porque no conoce el evangelio y porque no tiene el Espíritu Santo. Debido a las muchas maneras de confundir la función de la ley y del evangelio, los reformadores desarrollaron uno de los principios hermenéuticos más importantes para un entendimiento correcto de la palabra de Dios, a saber:

PRINCIPIO IX: *A fin de que la semilla sembrada en nosotros produzca buenos frutos, es necesario entender la diferencia entre lo que es la ley y lo que es el evangelio y no confundir sus funciones correspondientes.*

LA IMPORTANCIA DE ESTUDIAR LA PALABRA EN COMUNIDAD

En nuestra discusión de la claridad de las Escrituras mencionamos varias razones por las cuales las personas encuentran dificultad en entender un texto de la Biblia. Una razón que no fue mencionada en tal discusión tiene que ver con la ubicación social de los que estudian la Palabra. Tanto la misma Escritura como los padres de la Iglesia Primitiva enfatizan la importancia de estudiar la palabra de Dios en comunidad. La lectura y el estudio de la palabra de Dios en comunidad puede ayudar a mitigar el etnocentrismo y el egocentrismo del que oye o lee la Palabra. Etnocentrismo quiere decir entender las cosas únicamente desde la perspectiva de nuestra propia cultura y de nuestras propias experiencias. La cultura de la mayoría de las personas que vive en Europa y Norteamérica ha sido calificada como una cultura muy individualista, mientras que la cultura de los hebreos, de quienes leemos en el Antiguo Testamento, f una cultura sumamente comunitaria. El hombre hebreo no piensa en sí mismo como un ser autónomo que busca adelantar sus proyectos personales a expensas del grupo, sino que está dispuesto a sacrificarse a sí mismo para el bien del grupo. Mientras que la preocupación del hombre moderno es realizarse, independizarse, ser fiel a sí mismo, la preocupación del hombre hebreo es ser fiel a su grupo, su tribu, su clan. Es buscar el bien del grupo a expensas de sus propios proyectos. No piensa en sí mismo como un individuo independiente o autónomo, sino como miembro de una comunidad. Es por esto que los miembros de sociedades comunitarias, como por ejemplo la hispana, en muchas oportunidades, pueden entender mejor el significado de ciertos textos bíblicos que los miembros de sociedades individualistas.

Un esclavo negro que sufre bajo los latigazos de su capataz en una plantación de cacao en Centro América, o un peón indígena que trabaja en una finca, propiedad de una de las catorce familias en El Salvador, están mejor ubicados para entender el relato de la liberación de los esclavos hebreos en el libro del Éxodo. Un campesino mexicano que ha sufrido el desprecio de la sociedad por ser mestizo puede entender mejor la apertura de Jesús hacia los despreciados mestizos samaritanos y el hecho de que Jesús recibiera agua de las manos de una mujer samaritana. Las tribus africanas que todavía practican el levirato, la poligamia, y la circuncisión pueden apreciar mejor las implicaciones sociales de muchos eventos en las vidas de los patriarcas. Al leer la parábola del hombre rico y el pobre Lázaro (Lc 16:19-31), los miembros de una sociedad de pobreza no tendrán dificultad en identificarse con el pobre mendigo mientras que los miembros de una sociedad de afluencia difícilmente pueden hacer tal identificación con los marginados. Si son honestos consigo mismos sentirán una identificación más estrecha con el rico condenado en el infierno.

El teólogo cubano-americano Justo González asevera que los cristianos que pertenecen a las clases dominantes con frecuencia tienen dificultad en entender la parábola de los viñadores en Mateo 20:1-16. Desde la óptica de ellos, no puede ser considerado justo el propietario que les paga lo mismo tanto a los que han trabajado una sola hora como a los que han trabajo todo el día. Así no puede funcionar el sistema capitalista. Según la perspectiva de muchas personas acomodadas, el propietario, para ser considerado justo, tiene que pagar a cada uno según las horas que haya trabajado. Pero esto es leer la parábola desde la perspectiva de las clases dominantes, del sistema capitalista o la federación de comerciantes, y no desde la perspectiva de los marginados. En muchas partes de América Latina los desempleados suelen llegar a la plaza mayor de la ciudad temprano en la mañana con la esperanza de ser contratados para realizar cualquiera trabajo de carpintería, albañilería o plomería. Como los trabajadores en la parábola de Jesús, están sin empleo no por holgazanes, o porque son borrachos o sinvergüenzas, sino porque no hay trabajo para ellos. Y no hay trabajo para ellos porque viven en una sociedad cuyo sistema económico no es justo. El propietario de la parábola paga a todos los trabajadores la paga de un día porque sabe que al fin del día todos tendrán que comprar pan suficiente para dar de comer a sus familias. Con la paga de medio día, o con la décima parte de la paga de un día, los viñadores no tendrán lo suficiente para comprar su pan de cada día. Esto, lo que ha hecho el propietario, según González, sí es justicia; es una justicia que va mucho más lejos que los programas sociales de nuestros gobiernos, y es una justicia que puede ser entendida mejor por el lector pobre que por el lector que nunca ha pasado hambre y necesidad. Para apreciar mejor todas las aplicaciones y dimensiones que puede tener una parábola o una historia bíblica se debe leer el texto en un ambiente donde poderosos y marginados, hombres y mujeres, jóvenes y ancianos, nativos y extranjeros pueden estudiar juntos.[92]

Muchas de las historias, profecías y poesías que se encuentra en el Antiguo Testamento fueron escritas por refugiados y para refugiados. Los miles y miles de hispanos que han tenido que abandonar sus comunidades rurales y sus familias para buscar empleo y mejores oportunidades educacionales en los barrios, favelas y rancherías de las grandes ciudades pueden entender e indentificarse mejor con los textos bíblicos escritos a los cautivos y refugiados israelitas en Babilonia, Egipto, Asiria o la diáspora grecorromana. Los exilados cubanos y centroamericanos que por razones políticas, económicas, religiosas o sociales han tenido que reubicarse en los Estados Unidos, Canadá o España están mejor ubicados para recibir las palabras de consejo y aliento que los profetas de Israel dirigen a los refugiados que, como Moisés, se sienten como extranjeros en tierra extraña (Éx 2:21).[93]

No hay una cultura perfecta capaz de captar el evangelio en su totalidad. Cada teología es en parte una reducción del evangelio. En todas las culturas hay elementos negativos capaces de distorsionar el mensaje, pero hay también elementos positivos capaces de arrojar nueva luz sobre un texto difícil. La palabra de Dios nunca puede encarnarse perfectamente en una cultura. El deseo de hacer el evangelio relevante a la cultura del receptor puede llevar al traductor o intérprete a enfatizar demasiado un cierto valor cultural. El resultado de tal intento de contextualizar el mensaje puede ser el sincretismo. Por otro lado, cada pueblo, desde su óptica cultural, puede captar algo en el mensaje que ha quedado opacado o menos visible en la lectura que otras culturas han dado al texto. Un cristiano africano que lee el texto desde la óptica de su cultura comunitaria puede apreciar ciertas facetas del mensaje que los lectores europeos o americanos con sus culturas individualistas pasan inadvertidos. Nuestro entendimiento del evangelio nunca será completo hasta que los creyentes de cada pueblo, nación y cultura puedan dar expresión a esa fe.[94]

Todo esto implica que el estudio de la palabra de Dios debe ser llevado a cabo en comunidad. Nuestra preocupación es con la fe del pueblo de Dios, no con la fe del individuo que se mantiene alejado y aislado de la comunidad de la fe. Cuando leo y escucho la Palabra en compañía de mis hermanos y hermanas en la fe, ellos, desde su perspectiva y a base de sus experiencias con Dios, pueden ayudarme en entender el texto que estoy leyendo. Leemos en Hechos 15 cómo surgió un problema en la Iglesia Primitiva en cuanto a los requisitos que deben ser aplicados a los gentiles que querían formar parte de la comunidad cristiana. Algunos eran de la opinión que los nuevos creyentes gentiles necesitaban ser circuncidados de acuerdo con las prescripciones de la ley de Moisés, mientras que otros insistían que sólo era necesario el Bautismo. Para resolver la diferencia de opinión toda la comunidad cristiana con sus ancianos y apóstoles se reunió para estudiar lo que dijo el Espíritu Santo, tanto por medio de las revelaciones que habían recibido los apóstoles, como por medio de las profecías del Antiguo Testamento. Se llegó a una resolución del conflicto a base del estudio en comunidad de la Palabra.[95]

Como cristiano, pertenezco a una comunidad de fe, mi congregación local. También pertenezco a una denominación tal como la Iglesia Luterana, la Iglesia Bautista o la Iglesia Pentecostal. Además, y sobre todo, pertenezco a la comunión de los santos, o sea la comunión de todos los verdaderos discípulos de Cristo aquí en la tierra y en el cielo. Para no equivocarme o caer en error en mi interpretación de la Palabra, debo leer la Palabra en comunidad. Entre más amplia y variada esa comunidad, mejor. Una comunidad compuesta de puros ricos o miembros de la clase media difícilmente podrá entender todo lo que quieren decir textos procedentes de los pobres y dirigidos a los pobres, los esclavos, y oprimidos. Personas de otras sociedades pueden estar mucho mejor preparadas para ver facetas en un texto que me son ocultas u oscuras debido a mi etnocentrismo.

En nuestra tarea hermenéutica necesitamos el aporte, la contribución, de todos los miembros del pueblo de Dios, pobres, ricos, hombres, mujeres, jóvenes, ancianos, negros, blancos, mestizos, asiáticos, indios, sanos, enfermos. Los textos de la Escritura son como diamantes capaces de brillar por todas sus facetas, pero hasta que no incorporemos creyentes de todas las naciones, clases, razas y agrupaciones sociales en nuestro estudio de la Palabra no percibiremos toda la belleza y toda la luz que ese diamante es capaz de arrojar. Estas consideraciones nos pueden ayudar a formular nuestro décimo principio hermenéutico, a saber:

PRINCIPIO X: *El estudio y la interpretación de la palabra de Dios son funciones de la comunión de los santos.*

La comunidad de la fe dentro de la cual somos llamados a llevar a cabo el estudio de la Palabra incluye los fieles padres y grandes maestros de la iglesia juntamente con los reformadores y misioneros que han estudiado la Palabra antes que nosotros. Aunque estos miembros de la comunidad de los santos ya descansan de sus labores, nos han dejado los resultados de su comprensión de la revelación divina en catecismos, comentarios, liturgias, oraciones, devocionales, y libros de doctrina. Estos escritos constituyen la tradición de la comunión de los santos y el descuido de tal tradición resultaría en el empobrecimiento de nuestro esfuerzo por comprender el mensaje de la Escritura. Los reformadores de la iglesia en el siglo 16 rechazaron enfáticamente el abuso de la tradición, o sea la colocación de la tradición al lado de la Biblia como si fuera una segunda fuente de revelación divina tan importante y autoritativa como la Escritura misma, o aún más autoritativa. Por otro lado, los reformadores como Lutero, Melanchton y Calvino en su esfuerzo para comprender el mensaje de la Biblia, consultaron ampliamente las obras de los grandes maestros de la iglesia como Agustín, Ambrosio, Jerónimo, Bernardo y Crisóstomo.

Aunque los escritos de los padres de la iglesia pueden y deben ser consultados para entender el mensaje de las Escrituras y para aplicarlo a nuestras vidas, nunca deben ser utilizados para establecer las doctrinas que enseña la iglesia. La única fuente y norma de la fe del pueblo de Dios es la Escritura misma. Mientras que la tradición puede ser usada para ayudarnos a entender un texto de la Biblia, o la manera en que debe ser aplicado a nuestras vidas, se abusa de la tradición si se la emplea para juzgar la Escritura o para añadir a ella una enseñaza que no se encuentra en la palabra de Dios. Martín Lutero declaró: "No es válido que de las obras o palabras de los santos Padres se hagan artículos de fe." Por estas razones los reformadores rechazaron tales prácticas como la invocación a los santos o las misas por los difuntos, porque carecían de apoyo bíblico. Son las Escrituras las que deben ser utilizadas para juzgar y evaluar las tradiciones, las doctrinas, los padres y maestros de la iglesia, y las prácticas del pueblo de Dios.

El pueblo de Dios aprecia el uso de los tres grandes credos de la iglesia antigua y los escritos de los reformadores en el *Libro de Concordia*, no porque sean considerados como adiciones, correcciones o enmiendas a la palabra de Dios, sino porque constituyen un resumen fidedigno del evangelio. Consultar las confesiones de la iglesia es una manera de comparar nuestra interpretación de la palabra de Dios con la experiencia que han tenido miles de hermanos y hermanas en la fe en su estudio de la Palabra, y de esta manera ser preservado de interpretaciones equivocadas o erróneas. Por medio del estudio de las confesiones de la iglesia entramos en conversación con otros miembros de la comunión de los santos a fin de confesar con ellos la fe del pueblo de Dios. A la vez tenemos que reconocer que las diferentes interpretaciones de la palabra de Dios a través de los siglos han ayudado en hacer de las comunidades cristianas, a las cuales pertenecemos, lo que ellas son. Cuando el Espíritu de la verdad (Jn 16:13) guía al rebaño y lo conduce a su buen pastor se forman comunidades sanas, robustas y misioneras, en las cuales abundan los nueve frutos del Espíritu Santo. Iglesias enfermizas, heterodoxas y heréticas han sido formadas por interpretaciones equivocadas, falsas y carnales. La única esperanza para una iglesia enferma o moribunda es un retorno a palabra de Dios. *Sola Scriptura*, *Sola Fe*, *Sola Gracia* y *Solo Cristo* es el lema de toda reforma verdadera.

No se puede terminar nuestro estudio del papel del receptor de la semilla sin hacer referencia a las maneras en que el Espíritu Santo quiere atraer al oyente a identificarse con el texto y a encontrarse a sí mismo en el texto, hasta entrar en conversación con Dios y escribir su propia versión del texto. Los textos nunca explican o describen todo. Dejan libre al oyente o al lector para añadir muchos detalles que faltan en el texto. Por ejemplo, las Escrituras nunca describen la apariencia física de Jesús. No nos dicen si era blanco, amarrillo, marrón o negro. No nos dicen si tenía ojos marrones, azules, verdes o negros. No nos informan si era alto o bajo, de buena apariencia o muy feo. Al escuchar una historia de la vida de Jesús nosotros en nuestra mente, y a base de nuestra experiencia, nuestra cultura y nuestra cosmovisión suplimos los detalles que faltan. De esta manera llegamos a participar del relato y bajo la dirección del Espíritu, escribir nuestra propia versión del texto, aplicándolo a nuestra situación.

En ciertas clases de texto el Espíritu permite más participación del oyente en la búsqueda del significado. El contexto original de muchos de los salmos ha sido suprimido por los sabios al colocar estos cantos espirituales dentro de la liturgia del templo, la sinagoga o la iglesia. En el caso de la mayoría de los salmos, no sabemos si han sido escritos por o para David, Salomón o Esdras. El Espíritu ha suprimido el contexto original del salmo a fin de permitirnos sustituir nuestro propio contexto y cantar los cantos espirituales, no pensando en los problemas, sufrimientos y lamentos de los salmistas, sino en los nuestros. Al escuchar la proclamación de la palabra de Dios, es el Espíritu Santo quien determina nuestro nivel de participación en la construcción del significado. En gran parte este nivel de participación depende del *genre* del texto bíblico. En algunos textos proféticos el enemigo que está amenazando al pueblo de Dios no tiene nombre. Esto permite que el texto sea utilizado en otros momentos de crisis y con muchos otros enemigos.[96]

En otras partes de la Escritura el Espíritu Santo coloca ante nosotros dos proposiciones aparentemente contradictorias sin resolver las diferencias. Aquí podemos ver a Dios instándonos a entrar en el texto para considerar las opciones, y a luchar con la Palabra así como Jacob luchó con el ángel. En otras oportunidades, el texto nos relata una historia o una parábola inconclusa. La parábola del hijo pródigo, también conocida como la parábola de los dos hijos perdidos, termina con el padre convidando al hijo mayor a reconciliarse con su hermano menor. Se invita al hermano mayor a entrar en la fiesta a regocijarse. La parábola nunca nos dice si aceptó la invitación o no. Lo que hace Jesús al relatar la parábola es dirigirse a cada uno de nosotros y declarar: "Tú eres el hermano mayor. ¿Has buscado tú la reconciliación con tu hermano? Has recibido tú mi reconciliación? ¿Has entrado tú en mi fiesta para comer el pan de mi cuerpo y beber de la copa de salvación?" Jesús te invita a escribir tu propia conclusión a la parábola. Es la esperanza de Jesús que esa conclusión también sea inspirada por el Espíritu Santo.[97] Tal es también la esperanza de las últimas dos estrofas de nuestro canto del Buen Sembrador con el cual comenzamos esta obra:

Cayó lo demás en un buen terreno,
en un buen terreno, en un buen terreno.
cayó lo demás en un buen terreno,
creció y su fruto llevó.

¿Qué tal, buen amigo, de tu corazón,
de tu corazón, de tu corazón?
¿Qué tal, buen amigo, de tu corazón,
en que la semilla cayó?

PREGUNTAS PARA REFLEXIÓN

1. ¿Cómo se manifestó el poder de la palabra de Dios en los siguientes textos?: Génesis 1:1-23; Juan 11:43-44; Salmo 107:17-20.

2. Según lo que enseñaban los escribas y rabinos, ¿cuál fue el origen de las tradiciones de los ancianos?

3. ¿Cuáles son las dos fuentes de autoridad que reconoce oficialmente la Iglesia Católica Romana?

4. ¿Qué argumentos utilizaron Lutero y los reformadores para rechazar la autoridad de los padres de la iglesia, los concilios y los papas como iguales a la Escritura en materia de fe y práctica?

5. ¿Por qué rechazó Marción de Ponto todos los libros del Antiguo Testamento y la mitad de los libros del Nuevo Testamento? ¿Cómo reaccionó la Iglesia Primitiva al proyecto de Marción?

6. ¿Qué se entiende con la frase "canon dentro del canon"? ¿Qué peligro hay en el concepto del canon dentro del canon?

7. ¿Qué se entiende con la frase "eficacia de la Palabra"?

8. ¿En qué consiste la así llamada "nueva crítica literaria"? ¿Qué lecciones positivas podemos aprender de la nueva crítica literaria?

9. ¿Por qué no podemos aceptar todos los postulados de la nueva crítica literaria?

10. ¿Cuáles son algunas maneras en que se puede abusar de la ley de Dios? ¿Cuál es la función principal de la ley de Dios?

11. ¿En qué sentido se puede llamar al primer uso de la ley una teología de liberación?

12. ¿Qué efecto tendrá nuestra posición social en nuestra manera de entender un texto bíblico?

13. ¿Por qué será difícil para las personas que viven en el así llamado primer mundo entender la parábola de los obreros en la viña (Mateo 20:1-16)?

14. ¿Cuáles son las ventajas de estudiar e interpretar la Escritura en comunidad?

15. ¿Por qué fueron suprimidos la identidad del autor y el contexto original de muchos de los salmos?

NOTAS

[1] Técnicamente, la hermenéutica es la ciencia de interpretación que tiene que ver con la habilidad o capacidad para interpretar toda clase de texto escrito u oral. Incluye también la capacidad de leer las señales y símbolos de la cultura de uno, hasta de interpretar la mirada de otra persona y discernir su estado de ánimo. En un sentido todos los seres humanos practican la hermenéutica. La palabra hermenéutica viene de un verbo griego que significa explicar, traducir o interpretar. Proviene de una raíz que ha sido relacionada con Hermes (Mercurio), el portavoz de los dioses griegos. Teresa Ocurre, "I will open my mouth in parables" (Matt. 13:35): A Case for a Gospel-Based Hermeneutic. *New Testament Studies* 46:3. (Cambridge: Cambridge University Press), 2000, p. 447.

[2] Paul Ricoeur ha enfatizado que son los profetas que afirman ser portavoces del Espíritu de Dios. Los sabios, o sea los autores de los libros de Sabiduría (Job, Proverbios, Eclesiastés) nunca hacen tal aseveración. Esto pudiera indicar que el mensaje comunicado por los sabios ha llegado a ellos no por una comunicación directa como en el caso de Samuel (1S 3:9-14) sino a través de lo que ha sido llamada la teología natural. Paul Ricoeur, *Essays on Biblical Interpretation.* (Philadephia: Fortress Press), 1980, p. 87.

[3] Martín Lutero, "Treatise on the Last Words of David" en *Luther's Works. Volume 15.* (Saint Louis: Concordia Publishing House), 1972, p. 275.

[4] David Edward Aune, *Prophesy in Early Christianity and the Ancient Mediteranean.* (Grand Rapids: Eermans Publishing Company), 1983, p. 220.

[5] James Voeltz. (Saint Louis: Concordia Publishing House), pp. 233-234.

[6] Luis Alonso Schökel, *La Palabra Inspirada.* (Barcelona: Herder & Herder), 1966, pp. 58-63.

[7] Voeltz, Op. cit., p. 268.

[8] Arthur Gabriel Hebert, *The Throne of David.* (London: Faber and Faber Limited), 1941, p. 16.

[9] Andrews E. Steinmann, *The Oracles of God.* (Saint Louis: Concordia Academic Press), 1999, p. 100.

[10] Martin Hengel, *The Septuagint as Christian Scripture.* (Edinburgh: T. & T. Clark), 2002, p. 39.

[11] Muchos siglos después de San Jerónimo, el teólogo español, Melchior Cano, en su libro *De locis theologicis* afirmó que los traductores de la Vulgata habían recibido el carisma de la inspiración y por lo tanto la Vulgata, siendo inspirado por el Espíritu Santo, era más confiable que el texto hebreo del Antiguo Testamento el cual había sido corrompido por los rabinos que buscaban eliminar del Antiguo Testamento muchas referencias proféticas en cuanto a la venida de Jesucristo. Op. Cit., Alonso, pp. 187-188. Este mismo Melchior Cano fue un de los teólogos que ante el Consejo de las Indias defendió y apoyó a Bartolomé de las Casas en su lucha a favor de los derechos humanos de los indígenas. Aunque la Iglesia Romana nunca llegó a aceptar la inspiración divina de la Vulgata, casi todos los teólogos de la Iglesia Romana, al igual que Cano, consideran la inspiración como un carisma especial del Espíritu Santo.

[12] El desprecio por el Antiguo Testamento en hebreo y la preferencia por la Septuaginta tuvo su comienzo en los escritos de San Justino Mártir, quien acusó a los judíos de alterar ciertas profecías mesiánicas del Antiguo Testamento, en particular Is 7:14. En la versión masorética el hebreo dice: "Una mujer joven dará a luz un niño y lo llamará Emanuel." La Septuaginta, en cambio, no habla de una mujer joven sino de una virgen. San Mateo en su evangelio sigue las palabras de la Septuaginta o de otro manuscrito hebreo que no ha sido preservado. A partir de los tiempos de San Justino la mayoría de los teólogos de la iglesia antigua llegaron a creer que los rabinos judíos en su polémica anti-cristiana distorsionaron muchas profecías mesiánicas en el Antiguo Testamento. Hengel, 2002:50ss. Vea también Rick Van de Water, "Removing the Boundary: (Hosea 5:10) in First Century Palestine." *The Catholic Biblical Quarterly*. Vol. 63:4, pp. 619-629. (Washington D. C. Catholic Biblical Association of America), 2001.

[13] Ibíd., 100.

[14] Se debe notar que en la Edad Media y aún en el tiempo de la Reforma muchos eminentes teólogos de la iglesia de Roma no estaban de acuerdo en dar a los libros deuterocanónicos la misma auto-

ridad que a los demás libros bíblicos. Entre ellos se puede mencionar al cardenal Jiménez de Cisneros (1437-1517), Erasmo de Rótterdam (1467-1536), y Tomás de Vio mejor conocido como cardenal Cayetano (1469-1534), el adversario de Lutero en Augsburgo. Estos teólogos, tan eminentes en la historia de la Reforma y de la Conquista, opinaban que los libros deuterocanónicos no podían considerarse canónicos en cuanto a establecer puntos de fe; aunque se les puede llamar canónicos para la edificación de los fieles. (Westcott: 1987:234).

[15] Entre estos autores se puede mencionar a Paul Ricoeur, Imgarden y Staneli Fish. Roger Lundin, Clarence Walhout, Anthony C. Thiselton, *The Promise of Hermeneutics.* (Grand Rapids, William B. Eerdmanns Publishing Company), 1999, p. 72.

[16] Realmente el autor nunca está ausente de un texto; siempre está presente, aunque no reconozcamos su presencia. Él expresa sus opiniones, sus juicios y prejuicios por medio de uno o más personajes en el relato y, a veces, por medio de todos ellos.

[17] Ronald S. Wallace, *On the Interpretation and Use of the Bible.* (Edinburgh: Scottish Academic Press), 1999, p. 89.

[18] Jaroslav Pelikan, *Luther the Interpreter.* (Saint Louis, Concordia Publishing House), 1959, p. 12.

[19] Ibíd., pp. 47-49.

[20] Se comunica un significado no solamente por lo que dicen las palabras, sino también por la estructura de un texto (quiasmos, opuestos binarios), y por su ubicación en el canon. Un libro como Eclesiastés leído sin referencia al resto del canon bien podría ser considerado herético por su pesimismo y aparente fatalismo y determinismo. Pero leído en el contexto del resto del canon, Eclesiastés sirve como una muy efectiva declaración de la incapacidad del ser humano para realizarse o de lograr sus propósitos por sus propios méritos, obras o esfuerzos. De esta manera, una lectura de Eclesiastés puede llevar al oyente a escuchar la proclamación de las buenas nuevas y de la salvación que recibimos por la gracia de Dios. Frente a las pretensiones y grandes proyectos de los seres humanos, el libro de Eclesiastés es un texto subversivo que sirve para desinflar y "deconstruir" la autosuficiencia y el orgullo de todos nosotros. También Martín Lutero en su *Comentario sobre Eclesiastés* interpretaba con gran efectividad los textos del libro.

[21] A mediados del segundo siglo después de Cristo se levantó en Frigia un profeta carismático llamado Montano que aseveraba haber recibido junto con sus dos discípulos, las profetizas Prisca y Maximila, nuevas revelaciones del Espíritu Santo no contenidas en los libros reconocidos del Nuevo Testamento. El movimiento fundado por Montano llegó a ser conocido como el Montanismo o la Nueva Profecía. Una característica del movimiento es que los profetas al pronunciar sus profecías actuaban sin estar conscientes de lo que decían, entraban en un estado de éxtasis o manía. Supuestamente el Espíritu hablaba directamente por las bocas de los profetas montanistas sin una verdadera participación de los profetas en lo que decían. Cuando no se cumplieron las profecías pronunciadas por los profetas y cuando muchos de ellos cayeron en diversos pecados, el movimiento fue declarado herético por la iglesia.

[22] Alonso, Op. Cit., 1966:27.

[23] Luis Alonso Schökel, *Treinta Salmos: Poesía y Oración*. (Madrid: Ediciones Cristiandad), 1986, p. 96.

[24] En la iglesia antigua se solía hablar de los rayos fragmentados del *Logos* divino en las religiones y filosofías de los gentiles. Gustaf Aulen, *The Faith of the Christian Church*. (Philadephia: Fortress Press), 1960, p. 30.

[25] Fr. Jesús Espeja, "Inculturation and Indigenous Theology" en *Crosscurrents in Indigenous Spirituality*. Ed. Guillermo Cook. (Leiden: E. J. Brill), 1997, pp. 208-209.

[26] El sacerdote chileno Pablo Richard suele hablar de la revelación de Dios en el cosmos, en la historia, en las culturas y en las religiones ancestrales. "Interpreting and Teaching the Bible in Latin America." en *Interpretation* 56:4. (Richmond: Unión Theological Seminary), 2002, p. 384.

[27] Luis Alonso Schökel. *Treinta Salmos: Poesía y Oración*. (Madrid: Ediciones Cristiandad), 1986, p. 96.

[28] Luis Maldonado, *Génesis del Catolicismo Popular*. (Madrid: Ediciones Cristiandad), 1979, p. 93.

[29] Ibíd., pp. 172-174.

[30] Ibíd., pp. 170-172.

[31] El ejército brasilero masacró a Antonio y sus seguidores en 1897. La obra que sirvió para inmortalizar el movimiento apocalíptico de Antonio fue *Os Sertões* por Euclídes da Cunha. Pedro Lima

Vasconcellos, "Apocalypsis in the History of Brazil" en *Journal for the Study of the New Testament*, vol. 25:2. (Sheffied, Sheffied Academic Press), 2002, 235-254.

[32] Giovanni Miegge, *La Virgen María*. (Buenos Aires; Methopress), 1964, p. 57.

[33] Virgilio Elizondo, *Guadalupe: Madre de la nueva creación*. (Navarra: Editorial Verbo Divino), 1999, p. 210.

[34] Hendrik Kraemer, *The Christian Message in a Non-Christian World*. (London: James Clarke & Company Ltd.), 1956, p. 126.

[35] C. René Padilla, "The Contextualization of the Gospel" en *Readings In Dynamic Indigeneity*. Ed. Charles H. Kraft & Tom N. Wisley. (Pasadena: William Caey Library), 1979, p. 293.

[36] Puesto que Jesús es la palabra de Dios hecha carne, todo lo que Jesús ha hecho también es palabra de Dios y es autoritativo para la fe del pueblo de Dios. En el judaísmo talmúdico tanto las palabras del Antiguo Testamento, la Misná y las palabras y hechos del rabino eran considerados como Torá. En tal judaísmo el rabino, como intérprete autorizado de la Escritura, era considerado como la Torá hecha carne. Sus hechos, por lo tanto, debían ser emulados por los fieles. Jacob Neusner, *Mishnah in Context*. (Philadelphia: Fortress Press), 1983, pp. 132-133.

[37] Hebert, Op. cit., p. 124.

[38] José M. Martínez, *Hermenéutica Bíblica*. (Barcelona: Editorial CLIE), 1984, p. 176.

[39] Franzmann, p. 33.

[40] Bernard Ramm, *Protestant Biblical Interpretation*. (Grand Rapids: Baker Book House), 1970, p. 231.

[41] Hay investigadores como Northrup Frye que creen que en el Antiguo Testamento se pueden encontrar antitipos de tipos que provienen de la religiosidad popular y de la literatura sagrada de otros pueblos del Antiguo Medio Oriente.

[42] Hasta el subtítulo que los sabios judíos añadieron al salmo posteriormente dice "De Salomón". El lector debe tomar en cuenta que los títulos que llevan muchos de los salmos no forman parte del texto inspirado. Expresan la opinión de los escribas cuya función era hacer las copias de los rollos sagrados para su uso en el templo y en la sinagoga. El hecho de que un salmo lleve un subtítulo que dice "Salmo de David" no necesariamente quiere decir que fuera escrito

por David sino que en la opinión de los escribas proviene de David.

[43] El humanista Francisco Petrarca (1304-1374) reconocido como el padre de la filología histórica enfatizó que es necesario estudiar no solamente el significado de un texto en el idioma en que fue escrito, sino también la manera en que las palabras y frases en el texto eran utilizadas en el tiempo en que el texto fue escrito y no como un vehículo para llevar conceptos o pensamientos modernos. James D. G. Dunn "What Makes a Good Exposition?" en *Expository Times* 114:5. (Edinburgh: T. & T. Clark), 2003, p. 147.

[44] Manlio Simonetti, *Biblical Interpretation in the Early Church*. (Edinburgh: T. & T. Clark), 1994, p. 4.

[45] Una alegoría puede ser definida como una composición literaria mediante la cual una cosa representa o simboliza otra distinta. Es como una metáfora ampliada. Según el presidente de Venezuela, Hugo Chávez, la famosa historia de Florentino y el Diablo es realmente una alegoría. El cantor Florentino, que venció al Diablo con sus coplas, es realmente el general revolucionario, Ezequiel Zamora, quien durante la Guerra de la Federación venció las fuerzas de la oligarquía (el Diablo) en la batalla de Santa Inés.

[46] Sabemos, por un estudio comparativo de las expresiones bíblicas, que tales antropomorfismos no deben ser tomados literalmente. Una comparación de Mateo 12:28 en el griego o en la Reina Valera 1960 con Lucas 11:20 nos mostrará que el término "dedo de Dios" quiere decir Espíritu de Dios. Según las Confesiones Luteranas la expresión "diestra de Dios" no quiere decir que Dios el Padre tiene manos y pies como creen los mormones. Diestra de Dios quiere decir el poder y la autoridad de Dios.

[47] Brooke Foss Westcott, *El Canon de la Sagrada Escritura*. (Barcelona: Editorial CLIE), pp. 122-123.

[48] Simonetti, p. 42.

[49] Siglos más tarde Bernardo de Clairvaux comparaba el sentido literal a la leche mencionada por San Pablo en 1 Corintos 3:2, mientras que el sentido espiritual correspondía a la comida sólida mencionada en el mismo texto. Bray, p. 161.

[50] Simonetti, p. 43.

[51] Hoy en día se conoce este escritor como Seudo Dionisio porque en realidad no era el mismo Dionisio mencionado en Hechos 17:34 sino un monje sirio del siglo 5 que había asumido el nombre

del discípulo de Pablo mencionado en Hechos 17. Durante la Edad Media se creía equivocadamente que Seudo Dionisio era el mismo Dionisio de Hechos 17, un hombre que supuestamente había aprendido del apóstol Pablo muchos misterios y secretos celestiales. Consecuentemente se daba mucha importancia a los escritos de Seudo Dionisio y mucho de su teología fue incorporado por Pedro Lombardo en su libro *Sentencias* que llegó a ser el texto más utilizado de teología durante la Edad Media.

[52] David Keck, *Angels & Angelology in the Middle Ages.* (Oxford: Oxford University Press), 1998, p. 55.

[53] David C. Steinmetz, "The Superiority of Pre-Critical Exegesis" en *The Theological Interpretation of Scripture.* Ed. Stephen E. Fowl. (Oxford: Blackwell Publishers), 1997, p. 29.

[54] Bray, pp. 146-147.

[55] Preus, 1970, pp. 326.

[56] Wood, Op. Cit., p. 74.

[57] James Sculion OFM, "Actualization, Inspiration, Canonicity." en *New Theology Review*, vol. 15:1. (Collegeville, Minnesota: The Liturgical Press), 2002, pp. 17-18.

[58] Ocurre, Op. Cit., p. 462.

[59] Steinmetz, Op. Cit., pp. 26-38.

[60] Jacob Neusner, *Israel's Love Affair with God.* (Valley Forge, Pennsylvania: Trinity Press International), 1993.

[61] Alonso, Op. Cit., p. 199.

[62] Bray, Op. Cit., p. 162.

[63] Lutero, 1972, p. 193.

[64] Jacob Neusner, *Symbol and Theology in Early Judaism.* (Minneapolis, Fortress Press), 1991, p. 111.

[65] Christopher W. Mitchell, "The Song of Songs: A Lutheran Perspective" en *"Hear the Word of Yahweh" Essays on Scripture and Arcahelogy in Honor of Horace D. Hummel.* Ed. Dean O. Wenthe. (Saint Louis: Concordia Academic Press), 2002, p. 101.

[66] Si el libro del Cantar de los Cantares hubiera sido escrito como una protesta en contra de una tendencia peligrosa, ésa hubiera sido un exclusivismo radical que militaba en contra de todo contacto con personas de otros pueblos. Hay los que creen que la amante de quien habla el texto era una extranjera.

[67] Bray, p. 501.

[68] Lutero, *La voluntad determinada*: Tomo IV, Obras de Martín Lutero. (Buenos Aires: Editorial Paidós), 1976, p. 45.

[69] Lutero, *Luther's Works*, vol. 15, p. 155.

[70] Martín Franzmann, *Scripture and Interpretation*. (Springfield, Illinois: Concordia Seminary Print Shop), 1961, p. 34.

[71] Según Franzmann, nosotros como intérpretes cristianos somos llamados a acercarnos a Dios con una obediencia incondicional y no con soberbia. El intérprete cristiano no se ofende ante el Dios que se nos manifiesta como siervo, y que humillándose toma la forma de siervo, llegando a nosotros en forma de hombre, entrando en contacto con nosotros y otorgándonos sus bendiciones por medio de cosas tan comunes como agua, pan, vino y palabras humanas. Op. Cit., p. 32.

[72] Op. Cit., pp. 42-44.

[73] En la Apología de la Confesión de Augsburgo XXIV:22-23 Melanchton reúne los textos del libro de Hebreos y otras partes de la Biblia para dejar en claro que los sacrificios levíticos en la ley eran prototipos del sacrificio de Cristo y que tuvieron que cesar cuando ocurrió el verdadero sacrificio.

[74] Felipe Melanchton, *Loci Comunes* 1555. (Grand Rapids, Michigan: Baker Book House), 1982, p. 196.

[75] Anthony Thiselton, *New Horizons in Hermeneutics*. (Grand Rapids: Eerdmanns), 1992, p. 31.

[76] Robert Preus, *The Inspiration of Scripture*. (Edinburgh: Oliver & Boyd), 1955, p. 161.

[77] Bellarmino hasta buscaba establecer que la Escritura era inferior a la tradición puesto que muchas partes de la Biblia no tenían nada que ver con las doctrinas que enseñaba la iglesia. Para Bellarmino la función principal de Biblia era como una mina de la cual se podía extraer doctrinas, y por lo tanto solamente las partes de la Biblia que enseñaban doctrina eran inspiradas. Pero la Escritura existe no solamente para enseñar doctrina; la palabra de Dios tiene una pluralidad de funciones para guiar también a la congregación en su dialogo con Dios en la liturgia y en la oración privada. Alonso, p. 148.

[78] Op. Cit., Preus, p. 164.

[79] Lamin Sanneh, *Translating the Message*. (Maryknoll, New York: Orbis Books), 1989, p. 233.

[80] *Libro de Concordia*, 360:6

[81] Tomás de Aquino, juntamente con los demás teólogos de la Edad Media, afirmó que la enseñanza de la Escritura era normativa para la iglesia. Pero se sobreentendía que se trataba de la Escritura interpretaba por los doctores de la iglesia. Para Tomás de Aquino, la Escritura y su interpretación eclesiástica forman un todo, una totalidad indivisible.

[82] David W. Lotz, "Luther and Sola Scriptura" en *And Every Tongue Confess, Essays in Honor of Norman Nagle*. Ed. Gerald S. Krispin & Jon D. Vieker. (Saint Louis, Concordia Publishing House), 1991, p. 254.

[83] Lotz, Op. Cit., p. 262.

[84] *Libro de Concordia*, 497:1

[85] Donald A. Carson, *Biblical Interpretation and the Church*. (Nashville: Thomas Nelson Publishers), 1984, pp. 19-23.

[86] Kraft, pp. 37-39.

[87] Los proponentes de la así llamada "Nueva crítica" (T. S. Eliot en Inglaterra y Fuchs y Ebeling en Alemania), han enfatizado que el significado del texto surge del texto mismo. Su énfasis es una reacción en contra de un romanticismo que busca el significado de un texto en un estudio de la psicología del autor o de su historia personal. El estructuralismo francés (Leví-Strauss) ha enfatizado que el significado de un texto surge de la estructura del texto y hasta de la estructura de la mente humana. El intérprete puede aprender mucho de la Nueva crítica y del Estructuralismo sin adoptar toda la filosofía de ellos (la base filosófica del Estructuralismo es atea y marxista). En muchas partes de la Biblia, especialmente en los salmos y en las parábolas, los autores de los textos han empleado una técnica literaria que se llama quiasmo para dar énfasis al punto central de la composición. En el caso del quiasmo, el intérprete puede encontrar el significado de un texto a base de un estudio de su estructura.

[88] En inglés esta teoría hermenéutica se llama "Reader's Response Criticism" y se asocia con personas como Stanley Fish y Wolfgang Iser.

[89] Lutero aseveraba que el diablo siempre está cerca para llevarnos a encontrar nuestras queridas falsedades en lo que dice la Escritura. "Ay de nuestros maestros y autores que andan por su propio

camino y arrojan afuera lo que más les interesa sin primero examinarlo diez veces para estar seguros que esté bien ante los ojos de Dios." Citado en Wallace, Op. Cit., p. 90.

[90] Op. Cit., Thiselton, p. 531.

[91] Los intentos de los lectores de imponer sus propios prejuicios y preconceptos sobre un texto no siempre logran su propósito. Textos en general y especialmente textos bíblicos tienen la capacidad de montar un contraataque que obliga al lector a revisar, corregir y ajustar sus presuposiciones a las nuevas realidades presentadas en el texto. Tal contraataque puede terminar en el arrepentimiento, la conversión y la transformación del lector. El poder subversivo de los textos ayuda a provocar un diálogo entre el lector y el texto. Tal diálogo es parte de lo que ha sido denominado el círculo hermenéutico. Op. Cit., Dunn, p. 154.

[92] Justo L. González, *Santa Biblia: The Bible Through Hispanic Eyes*. (Nashville, Abington Press), 1996, p. 63.

[93] Francisco García-Treto, "Hyphenating Joseph: A View of Genesis 39-41 from the Cuban Diaspora" en *Interpreting Beyond Borders*. Ed. Fernando F. Segovia. (Sheffield: Sheffield Academic Press), 2000, pp. 134-145.

[94] Padilla, Op. Cit., p. 293.

[95] Esta manera de resolver conflictos era típica tanto de los rabinos como de la comunidad de Qumran. En los escritos rabínicos se estipula el procedimiento para resolver una disputa doctrinal y especialmente lo que se debe hacer en el caso de los ancianos rebeldes. En Hechos 15 los judaizantes, que evidentemente son antiguos miembros de la escuela de Shammai, consideran que Paulo y Bernabé son ancianos rebeldes. Una vez alcanzada una resolución del conflicto, la decisión era enviada por emisarios de la comunidad a otros grupos. Birger Gerhardsson, *Memory and Manuscript with Tradition & Transmission in Early Christianity*. (Grand Rapids: William B. Eermans Publishing Company), 1998, p. 248.

[96] Walter Brueggemann "That the World May be Redescribed" en *Interpretation 56:4*. (Richmond: Union Theological Seminary), 2002, p. 367.

[97] Podemos apreciar y utilizar algunas de las técnicas de los eruditos que forman parte del así llamado "Reader's Response Criticism" que ve al lector como un co-autor del texto o de aquellos

como Gadamer que hablan del significado como el resultado de la fusión del horizonte del texto y del lector, siempre que reconozcamos que es el Espíritu Santo quien nos autoriza y nos guía a hacerlo.

GLOSARIO

Alegoría: Figura que consiste en hacer patentes en el discurso, por medio de varias metáforas consecutivas, un sentido recto y otro figurado, ambos completos, a fin de dar a entender una cosa expresando otra diferente.

Am-ha-eretz: En la Biblia hebrea y en los escritos de los rabinos este término es utilizado para designar "la gente de la tierra", o sea, la personas sin letras, los que no conocen la ley de Moisés y las tradiciones de los escribas. Es casi equivalente al "vulgo" o "la gentuza".

Anagogía: Una interpretación alegórica que busca elevar la mente del intérprete a la contemplación de los misterios celestiales, o sea, el sentido místico de la Sagrada Escritura, para dar idea de la bienaventuranza eterna.

Pre-nicenos: Los padres de la Iglesia Primitiva que escribieron antes de la celebración del primer concilio ecuménico en Nicea en 325 d.C.

Antropomorfismo: Una palabra o expresión que habla de Dios como si fuera un ser humano. Un ejemplo de antropomorfismo es la frase en el Credo Apostólico que dice que Jesús "se sentó a la diestra de Dios". Sabemos que Dios Padre no tiene una mano derecha. Así, "la diestra de Dios" es un antropomorfismo que se refiere al poder de Dios.

Apócrifo: Algo escondido. Se refiere a los libros que no fueron incluidos en el canon del Antiguo y Nuevo Testamentos de la Santa Biblia.

Aristeas, Carta de: Un libro que pretende describir cómo los traductores de la Septuaginta fueron guiados por el Espíritu Santo en su traducción de los rollos del Antiguo Testamento.

Cábala: Conjunto de doctrinas teosóficas basadas en la Sagrada Escritura, que a través de un método esotérico de interpretación, y transmitidas por vía de iniciación, pretendía revelar a los iniciados doctrinas ocultas acerca de Dios y del mundo.

Calcedonia, concilio de: El cuarto concilio ecuménico celebrado en la ciudad de Calcedonia en Bitinia en el año 451 d.C. En este concilio se buscó definir la relación entre las dos naturalezas de Cristo. Para más información se puede consular a: http://www.enciclopediacatolica.com/c/concilcalcedon.htm

De-construcción: Término empleado por lingüistas para designar la capacidad de un texto de penetrar las defensas del lector y de desafiar y desmantelar sus prejuicios, su cosmovisión y sus ideologías.

De-estigmatizar: Quitar la estigma que pudiera tener una cultura desde la perspectiva de otra cultura. Por ejemplo, los griegos consideraban que todas las otras culturas eran inferiores a la de ellos. Estigmatizaron a esas culturas como bárbaras. Los conquistadores estigmatizaron a las culturas indígenas del nuevo mundo cuando las consideraron demasiado corruptas y primitivas para servir como instrumentos para comunicar el evangelio. Así, en vez de contextualizar el evangelio en los idiomas indígenas, obligaron a los indígenas a conformarse a la cultura de los conquistadores. Cuando nos damos cuenta que todas las culturas son parte de la creación de Dios, y cuando traducimos la Escritura al idioma de otras culturas, de-estigmatizamos dichas culturas.

Deuterocanónicos: Literalmente quiere decir el segundo canon. Se refiere a los libros en la Septuaginta que no fueron incluidos por los rabinos como parte del canon de la Biblia en hebreo pero que sí fueron incluidos en el canon utilizado por la Iglesia Ortodoxa y la Iglesia Católica Romana.

Didajé: Documento del primer siglo de la era cristiana que también lleva por nombre "Doctrina de los apóstoles". La iglesia lo usó para instruir a los nuevos conversos.

Dispersión: Término que hace referencia a los millones de judíos que vivían (y que todavía viven) afuera de la Tierra Santa. Desde el tiempo del Nuevo Testamento hasta hoy en día siete de cada diez judíos se encuentran afuera de Palestina.

Docetismo: Término que proviene de un vocablo griego que quiere decir "parecer". En la historia de la iglesia el docetismo es una herejía que afirma que Cristo nunca fue verdadero ser humano, solamente parecía ser un hombre de carne y hueso.

Etnocentrismo: La actitud que asumen las personas que creen que las normas, tradiciones y costumbres de su propio pueblo son superiores a las de todos los demás pueblos. El hecho de que los antiguos griegos se consideraban a sí mismos como civilizados y todos los demás como bárbaros era una manifestación de etnocentrismo.

Gematría: Un método esotérico desarrollado por los rabinos para sacar significados ocultos de la Escritura. Se basa sobre el valor numérico de las consonantes en las palabras de un texto.

Genre: Término francés utilizado por los peritos en el estudio de la literatura en referencia a las diferentes clases o géneros de literatura, tales como poesía, prosa, mito, saga, legislativo, etc.

Gnosticismo: El término viene de la palabra *gnosis* que quiere decir sabiduría. Se refiere a un movimiento sincretista de "conocedores" o sabios que reclaman para sí una sabiduría esotérica que incluye un desprecio por la creación física, las cosas materiales.

Karaites: Miembros de una secta judaica fundada por Anan ben David en Bagdad en el siglo 8 a.C. Los karaites rechazan el Talmud y las tradiciones rabínicas y aceptan solamente al Antiguo Testamento como autoritativo.

Levirato: Institución de la ley mosaica que obliga al hermano del que murió sin hijos a casarse con la viuda.

Nestorianismo: Movimiento que tuvo su origen en las enseñanzas de Nestorio, patriarca de Constantinopla, que negó que existiera una comunión de atributos entre la naturalezas divina y humana de Cristo.

Nican Mopohua: Libro que relata la historia de cómo el indígena Juan Diego se encontró con la Virgen de Guadalupe y cómo fue construida la primera basílica de la Morenita.

Pogromo: Palabra de derivación rusa que se refiere al movimiento popular dirigido por las autoridades zaristas para la exterminación de los judíos.

Quiasmo: Figura de dicción que consiste en presentar en órdenes inversos los miembros de dos secuencias, por ejemplo: "Cuando quiero llorar no lloro, y a veces lloro sin querer."

Shekinah: Este término se refiere a la presencia del Señor en la nube cuando el pueblo de Israel estaba en el desierto camino a la Tierra Prometida. Comparar Éxodo 13:21.

Tárgum: Una traducción al arameo de los rollos del Antiguo Testamento en hebreo. El hecho de que muchos judíos se habían olvidado de cómo hablar el hebreo después de la cautividad babilónica hizo necesaria la elaboración del Tárgum para ayudar a los asistentes de la sinagoga a entender la lectura de las lecciones bíblicas. Incluido en el Tárgum se encuentran glosas o notas interpretativas del traductor.

Teocracia: Un gobierno cuya autoridad es vista como procedente de Dios y ejercida por sus ministros, así como en Israel antes del tiempo de los reyes, cuando la máxima autoridad fue el sacerdote Samuel.

Tropología: Una interpretación alegórica que busca encontrar una lección moral en el texto bajo estudio.

Urim y tumim: Las dos piedrecillas o palitos que llevaban los sumos sacerdotes israelitas para transmitir o adivinar un oráculo de Yahvé. Se cree que el urim significaba *sí* mientras que el tumim significaba *no*. (Éxodo 28:30, Levítico 8:8)

Vidente: Término utilizado en el Antiguo Testamento para designar un profeta que veía visiones provenientes de la deidad.

Vulgata: La traducción de la Biblia al latín hecha por San Jerónimo en el siglo 5. Llegó a ser la Biblia oficial de la Iglesia Católica Romana.

BIBLIOGRAFÍA

Alonso Schökel S. J., Luis, 1966, *La Palabra Inspirada*. Barcelona: Editorial Herder S. A.

Alonso Schökel S. J., Luis, 1986, *Treinta Salmos: Poesía y Oración*. Madrid: Ediciones Cristiandad.

Aulen, Gustaf, 1960, *The Faith of the Christian Church*. Philadelphia: Fortress Press.

Bohlmann, Ralph A., 1983, *Principles of Biblical Interpretation in the Lutheran Confessions*. Revised Edition. Saint Louis: Concordia Publishing House.

Bray, Gerald, 1996, *Biblical Interpretation Past and Present*. Downers Grove: Inter-Varsity Press.

Brueggemann, Walter, 2002, "That the World May Be Redescribed." *Interpretation*, vol. 56:4, pp. 359-367. Richmond: Union Theological Seminary.

Carson, Donald A., 1984, *Biblical Interpretation and the Church*. Nashville: Thomas Nelson Publishers.

Cook, Guillermo, ed.,1997, *Crosscurrents in Indigenous Spirituality*. Leiden: E. J. Brill.

Dunn, James D. G., 2003, "What Makes a Good Exposition?" en *The Expository Times 114:5*, pp. 147-157. Edinburgh: T. & T. Clark.

Fee, Gordon D., 1991, *Gospel and Spirit: Issues in New Testament Hermeneutics*. Peabody, Massachusetts: Hendrickson Publishers.

Fowl, Stephen E., 1998, *Engaging Scripture*. Oxford: Blackwell

Publishers Ltd.

García-Treto, Francisco, 2000, “Hyphenating Joseph: A View of Genesis 39-41 from the Cuban Diaspora” en *Interpreting Beyond Borders*. Ed. Fernando F. Segovia, pp. 134-145. Sheffield: Sheffield Academic Press.

Gerhardsson, Birger, 1998, *Memory & Manuscript with Tradition & Transmission in Early Christianity*. Grand Rapids: William B. Eermanns Publishing Company.

González, Justo L. 1966, *Santa Biblia: The Bible Through Hispanic Eyes*. Nashville: Abington Press.

Franzmann, Martin H., 1961, *Scripture and Interpretation*. Springfield, Illinois: Concordia Seminary Print Shop.

Hebert, Arthur Gabriel, 1941, *The Throne of David*. London: Faber and Faber Limited.

Hengel, Martin, 2000, *The Four Gospels and the One Gospel of Jesus Christ*. Harrisburg: Trinity Press International.

Hengel, Martin, 2002, *The Septuagint as Christian Scripture*. Edinburgh: T. & T. Clark.

Keck, David, 1998, *Angels & Angelology in the Middle Ages*. Oxford: Oxford University Press.

Kolb, Robert, 1993, *The Christian Faith*. Saint Louis. Concordia Publishing House.

Kraemer, Hendrik, 1956, *The Christian Message in a Non-Christian World*. London: James Clarke & Company Ltd.

Kraft, Charles H., 1979, *Communicating the Gospel God's Way*. Pasadena: William Carey Library.

Lotz, David W., 1991, “Luther and Sola Scriptura” en *And Every Tongue Confess, Essays in Honor of Norman Nagel*. Ed. Gerald S. Krispin & Jon D. Vieker. Saint Louis, Concordia Publishing House.

Lundin, Roger; Walhout, Clarence; Thiselton, Anthony C., 1999, *The Promise of Hermeneutics*. Grand Rapids: William B. Eerdmans Publishing Company.

Lutero, Martín, 1967, *The Catholic Epistles: Luther's Works*, vol. 30, Saint Louis: Concordia Publishing House.

Lutero, Martín, 1962, *La voluntad determinada: Obras de Martín Lutero*, vol 4. Buenos Aires: Editorial La Aurora.

Maldonado, Luis, 1979, *Génesis del Catolicismo Popular*. Madrid: Ediciones Cristiandad.

Martínez, José M., 1984, *Hermenéutica Bíblica*. Barcelona, España: Libros CLIE.

Melanchton, Felipe, 1982, *Loci Communes* 1555. Grand Rapids: Baker Book House.

Meléndez, Andrés, ed., *Libro de Concordia*, 2000. Saint Louis: Editorial Concordia.

Miegge, Giovanni, 1964, *La Virgen María*. Buenos Aires: Methopress.

Mitchell, Christopher W., 2002, "The Song of Songs: A Lutheran Perspective" en *"Hear the Lord of Yahweh": Essays on Scripture and Archaelogy in Honor of Horace D. Hummel*, pp. 79-110. Saint Louis: Concordia Academic Press.

Neusner, Jacob, 1983, *Midrash in Context*. Philadelphia: Fortress Press.

Neusner, Jacob, 1991, *Symbol and Theology in Early Judaism*. Minneapolis: Fortress Press.

Neusner, Jacob, 1993, *Israel's Love Affair with God*. Valley Forge: Trinity Press International. Okure, Teresa SHJC, 2000, "I will open my mouth in parables (Matt. 13:35): A Case for a Gospel-Based Biblical Hermeneutics" en *New Testament Studies* 46:3, pp. 445-463. Cambridge: Cambridge University Press.

Padilla, C. René, 1979, "The Contextualization of the Gospel" en *Readings in Dynamic Indigeneity*, pp. 286-312, ed. Charles H. Kraft & Tom N. Wiseley. Pasadena: William Carey Library.

Pelikan, Jaroslav, 1959, *Luther the Expositor*. Saint Louis. Concordia Publishing House.

Preus, Robert, 1955, *The Inspiration of Scripture*. Edinburgh: Oliver and Boyd Ltd.

Preus, Robert, 1970, *The Theology of Post-Reformation Lutheranism: A Study of Theological Prolegomena*. Saint Louis: Concordia Publishing House.

Ramm, Bernard, 1970, *Protestant Biblical Interpretation*. Grand Rapids: Baker Book House.

Richard, Pablo, 2002, "Interpreting and Teaching the Bible in Latin America." *Interpretation*, vol. 56:4, pp. 378-386. Richmond: Union Theological Seminary.

Sabourin, Leopold S. J., 1980, *The Bible and Christ*. New York: Alba House.

Saleska, Timothy E., 2003, The Meaning of Participation: A Case for Speaking in the Public Square" en *Concordia Journal 29:1*, p. 39. Saint Louis: Concordia Publishing House.

Sanneh, Lamin, 1989, *Translating the Message*. Maryknoll, New York: Orbis Books.

Scullion, James O.F.M., 2002, "Actualization, Inspiration, Canonicity." *New Theology Review* 15:1, Collegeville, Minnesota: Liturgical Press.

Simonetti, Manlio, 1994, *Biblical Interpretation in the Early*

Church. Edinburgh: T & T Clark.

Steinmann, Andrew E., 1999, *The Oracles of God*. Saint Louis: Concordia Academic Press.

Steinmetz, David C., 1997, "The Superiority of Pre-Critical Exegesis" en *The Theological Interpretation of Scripture*. Ed. Stephen E. Fowl, pp. 26-38. Oxford: Blackwell Publishers.

Thiselton, Anthony C., 1994, *New Horizons in Hermeneutics*. Grand Rapids, Michigan: Zondervan Publishing House.

Van de Water, Rick, 2001, "Removing the Boundary: (Hosea 5:10) in First Century Palestine." *The Catholic Biblical Quarterly*, vol. 63:4, pp. 619-629. Washington D. C. Catholic Biblical Association of America.

Vasconcellos, Pedro Lima, 2002, "Apocalipses in the History of Brazil" en *Journal for the Study of the New Testament*, vol. 25:2, pp. 235-254. Sheffield: Sheffield Academid Press.

Wallace, Ronald S., 1999, *On the Interpretation and Use of the Bible*. Grand Rapids: William B. Eerdmans Publishing Company.

Waterhouse, Timothy J., 1992, *Words of Life: A Study of Luther's Hermeneutics*. Ann Arbor: U. M. I. Dissertation Services.

Westcott, Brooke Foss, 1987, *El Canon de la Sagrada Escritura*. Barcelona, España: Libros CLIE.

Wood, Arthur Skevington, 1968, *The Principles of Biblical Interpretation*. Grand Rapids: Zondervan Publishing House.

Voelz, James W., 1997, *What Does this Mean? Principles of Biblical Interpretation in the Post-Modern World*. Saint Louis: Concordia Publishing House.

Young, D. J., 2000, "Biblical Criticism in the Late Middle Ages." *Expository Times*, vol. 112:5, pp. 155-160. Edinburgh: T. & T. Clark.